선을 넘는 세계사

긋고, 지우고, 옮기고! 국경선으로 읽는 세계사
선을 넘는 세계사

초판 1쇄 발행 2024년 7월 11일

글쓴이 오승현
그린이 편히

편집장 천미진 | **편집책임** 김현희 | **편집** 최지우
디자인책임 최윤정 | **마케팅** 한소정 | **경영지원** 한지영

펴낸이 한혁수 | **펴낸곳** 도서출판 다림 | **등록** 1997. 8. 1. 제1-2209호
주소 07228 서울시 영등포구 영신로 220 KnK 디지털타워 1102호
전화 02-538-2913 | **팩스** 070-4275-1693 | **전자 우편** darimbooks@hanmail.net
블로그 blog.naver.com/darimbooks | **다림 카페** cafe.naver.com/darimbooks

ISBN 978-89-6177-334-8 (73900)

ⓒ 2024 오승현, 편히

이 책 내용의 일부 또는 전부를 사용하려면 반드시 저작권자와 도서출판 다림의 서면 동의를 받아야 합니다.
책값은 뒤표지에 있습니다.

제품명: 선을 넘는 세계사 | 제조자명: 도서출판 다림 | 제조국명: 대한민국
전화번호: 02-538-2913 | 주소: 서울시 영등포구 영신로 220 KnK 디지털타워 1102호
제조년월: 2024년 7월 11일 | 사용연령: 10세 이상
※KC마크는 이 제품이 공통안전기준에 적합하였음을 의미합니다.

⚠ 주 의
아이들이 모서리에 다치지
않게 주의하세요.

긋고, 지우고, 옮기고! 국경선으로 읽는 세계사

선을 넘는 세계사

글 오승현 그림 편히

다림

작가의 말

우리나라를 한반도라고 하죠. 반도(半島)는 삼면이 바다로 둘러싸이고 한 면만 대륙에 이어진 땅이에요. 그런데 한반도와 연결된 대륙인 중국과 러시아를 육로로 갈 수 있나요? 남북을 갈라놓은 휴전선이 가로막아서 못 가죠. 휴전선은 가장 넘기 힘든 경계선이에요. 특별한 일이 아니면 통행이 불가능해요. 한반도라고는 하지만 대륙과 연결이 끊긴 대한민국은 사실상 반도가 아니라 섬이에요.

전 세계 193개 나라는 다른 나라와의 경계에 국경선을 두고 있어요. 국경선은 나라와 나라의 경계선으로 영토의 범위와 모양을 결정해요. 국경을 넘으면 많은 게 달라지죠. 우선 사는 사람이 달라져요. 또 언어가 다르고 문화가 달라요. 쓰는 돈도 제각각이죠. 법도 같지 않아요. 운전석 위치조차 다르죠. 우리나라는 왼쪽에, 일본은 오른쪽에 운전석이 있어요.

이러한 차이가 있음에도 사람들은 국경을 넘나들어요. 다른 나라를 여행하기 위해, 돈을 벌거나 공부하기 위해 국경을 넘죠. 전쟁이나 자연재해로 고향을 등지고 국경을 넘기도 해요. 그러나 어떤 국경은 사람들을 막아서요. 불법 이민자와 테러리스트를 막는다며 국경에 길고 높은 장벽을 세워요. 국경 장벽은 사람들을 구분 짓고 밀어내죠. 반면에 미국과 캐나다의 국경에는 아무런 장애물이 없어요. 벽도 철조망도 감시탑도 없죠. 누구나 자유롭게 오가요. 신기하지 않나요? 미국은 멕시코와의 국경에는 장벽을 세우고 캐나다와의 국경에는 아무것도 세우지 않았어요. 이웃한 나라에 따라 국경이 다른 모습을 하고 있죠.

  하지만 우리는 서로 연결돼 있어요. 사람과 물자와 정보가 국경을 넘나들며 세계를 이어 줘요. 이런 세상에서 국경에 빗장을 걸면 어떻게 될까요? "성을 쌓으면 망하고, 길을 닦으면 흥하리라." 7~8세기, 돌궐 제국의 뛰어난 장수인 톤유쿠크가 남긴 말이에요. 빗장을 잠그면 망하고 빗장을 거두면 흥한다는 뜻이에요. 원래 땅 위에는 국경도 장벽도 없었어요. 국경은 지도 위에 인간이 그어 놓은 선이에요. 국경이 장벽이 되는 순간, 선은 흉터가 돼요. 대지 위에 새겨진 아픈 흉터가. 우리나라가 두 나라로 분단된 것처럼 말이에요.

오승현

차례

작가의 말 4

1장
국경선 이모저모

국가란 무엇일까? 영토는 어떻게 정해질까? 10
나라와 나라 사이의 경계, 국경선 13
국경선은 어떻게 정할까? 17
나라마다 다른 국경선의 모양 24
국경선이 가장 긴 나라는 어디일까? 27
세계의 신기한 국경선 29
부록 국경선과 휴전선은 무엇이 다를까? 36

2장
국경선이 왜 중요할까?

장벽의 역사 40
국경은 국가의 최소 안전선 44
분쟁을 부르는 국경선 48
영유권 분쟁은 왜 일어날까? 53
부록 미래에는 국경 분쟁이 사라질까? 60

3장
피 흘리는 국경선

이스라엘-팔레스타인 분쟁	64
이스라엘 vs 아랍권 국가, 네 번의 중동 전쟁	67
러시아-우크라이나 전쟁	70
두 나라가 관리하는 지역, 카슈미르	75
영토를 둘러싼 특이한 갈등	79
부록 멕시코 장벽	84

4장
선을 넘는 사람들

국경을 넘나든 역사	88
난민이 떠나는 이유	93
경제적 이주민	99
국경선이 담지 못한 사람들	101
국적이 없는 사람들, 무국적자	104
부록 기후 난민	108
부록 위험한 난민, 안전한 난민	110

5장
국경선을 넘어서

유럽 연합, 유럽을 하나로	114
난민 협약	119
국경을 넘어선 활동: 선을 지우는 사람들	124
열림과 닫힘	127
부록 수치의 장벽	132
부록 국경을 막으면 벌어지는 일	134

1장

국경선 이모저모

국가란 무엇일까? 영토는 어떻게 정해질까?

모나코라는 작은 나라가 있어요. 면적이 2제곱킬로미터에 인구는 3만 명 정도예요. 여의도보다 더 작은 나라죠. 그렇지만 1993년 유엔(UN, 국제연합)에 가입한 정식 국가예요. 땅이 작다 보니 인구 밀도가 세계 1위예요. 만약 제가 여의도 크기의 땅을 사서 울타리를 친 다음에 '오승현 나라'라고 주장하면 어떻게 될까요? '오승현 나라'는 정식 국가가 될까요?

국가가 되려면 세 가지 조건을 갖춰야 해요. 첫째 영토, 둘째 국민, 셋째 주권(主權)이에요. 영토는 땅이죠. 국민은 사람이에요. 주권은 한 나라가 주요 결정을 스스로 내릴 수 있는 권리예요. 모나코는 이 세 가지 조건을 모두 충족해서 나라가 될 수 있었어요. 영토가 있고 국민이 있으며 주변국과 유엔 같은 국제기구가 인정하는 주권도 있어요.

그러나 '오승현 나라'에는 사람만 있고 영토와 주권이 없어요. 제가 산 땅이 있지 않냐고요? 아니요. 그건 대한민국 땅이죠. 저는 땅 주인에게서 땅을 산 것이지, 대한민국으로부터 산 게 아니에요. 주권 역시 주변국이나 국제기구에서 인정받아야 하는데, 아무도 인정해 주지 않아요. 일단 대한민국부터 '오승현 나라'의 주권을 인정하지 않겠죠. 주권을 인정해 달라고 아무리 요구해도 들어주지 않아요. 더 많은 사람을 국민으로 모아서 무기를 들고 저항하면 어떻게 될까요? '반란군'으로 진압당하겠죠.

영토에는 땅만 있는 건 아니에요. 하늘, 바다 등도 영토에 속해요. 대한민국 영토 위의 하늘도 우리 거예요. 이를 영공이라고 해요. 다른 나라 비행기가 우리 영공을 지나가려면 우리 정부의 허락을 받아야 해요. 일반적으로 대기권 내로 그 범위를 제한해요.

땅끝에서 약 12해리 안에 있는 바다도 우리나라 영역이에요. 이를 영해라고 불러요. 해리는 바다에서 거리를 잴 때 쓰는 단위예요. 1해리는 1,852킬로미터에 해당해요. 12해리는 22.224킬로미터예요. 섬도 우리 영토예요. 그리고 본토에서 멀리 떨어진 섬이라도 그 섬에서 약 22킬로미터 안의 바다는 우리 영해예요. 그러니까 바다에도 국경선이 있는 거예요. 눈에 보이지는 않지만요. 어떤 섬이 우리 영토가 되면 더 넓은 영해를 차지할 수 있죠. 영해가 넓으면 그만큼 바닷길도 넓어져요.

바닷길은 물자를 실어 나르는 해상 교통로예요. 다른 나라의 안보와 질서를 해치지 않는 한, 바닷길 이용에 규제는 없어요. 이를 '무해 통항권'이라고 불러요. 평화와 질서, 안전 등을 해치지 않는다면 바다를 자유롭게 다닐 수 있는 권리예요. 그래서 무역선, 유람선 등은 자국 영해가 아니어도 다닐 수 있어요. 이는 국제적 약속이에요. 다만 군함이나 잠수함 등은 다른 나라의 영해를 함부로 다닐 수 없어요.

영해처럼 바다를 끼고 있는 나라가 다스리는 바다가 또 있어요. 바로 배타적 경제 수역(EEZ)이에요. 땅끝에서 200해리, 370.4킬로미터까지의 바다가 여기에 속해요. 수산 자원, 광물 자원, 에너지 자원 등 해양 자원을 탐사하고 개발할 수 있어요. 또한 인공 섬을 만들거나 바다에 시설물을 설치하고 활용할 수 있어요. 다른 나라는 이와 같은 경제적 권리를 주장할 수 없어서 '배타적' 경제 수역이라고 불러요. 배타적 경제 수역에 영해는 포함되지 않아요.

나라와 나라 사이의 경계, 국경선

여러분 머릿속에 우리나라는 어떤 모양인가요? 1번인가요? 아니면 2번인가요?

우리나라 영토를 알려면 헌법*을 살펴봐야 해요. 헌법 제3조에 "대한민국의 영토는 한반도와 그 부속 도서로 한다."라고 나와 있어요. 부속 도서는 한반도에 딸린 섬이에요. 그러니까 대한민국 영토는 한반도와 주변 섬, 바다를 포함한다는 뜻이에요.

영토를 규정하는 선이 바로 국경선이에요. 모든 나라가 영토를 가지기 때문에 주변 국가와 일정한 경계가 생길 수밖에 없죠. 즉 국경선은 나라와 나라 사이의 선이에요. 국어사전은 국경선을 '나라와 나라 사이의 경계선'이라고 풀이하고 있어요. 이러한 영토 주권 개념은 사실 오래되지 않았어요.

땅과 바다에서 역사를 써 내려간 여러 세력은 각자의 이익을 놓고 부딪치고 다퉜어요. 그러면서 바다와 산맥, 강과 숲 같은 자연적인 경계에서 벗어나 인위적인 경계를 긋기 시작했어요. 이게 국경선의 시작이에요. 그런데 오랜 세월 동안 영토에 대한 생각은 지금과 달랐어요. 과거에는 정복 전쟁, 왕위 계승, 영지 상속 등 여러 이유로 국가의 영토가 빈번히 바뀌었어요. 국가만이 영토를 차지할 수 있다는 생각은 옛사람들에게는 아주 낯설었죠. 그렇다면 이 개념은 언제부터 자리 잡았을까요?

유럽의 역사는 전쟁의 역사예요. 3세기 이후 로마 제국이 쇠락하며 수

헌법: 수많은 법의 기초가 되는 법. 한 국가의 최고법.

많은 세력이 일어나자 유럽은 갈등과 충돌로 들끓었어요. 1618년부터 1648년까지 벌어진 30년 전쟁도 그중 하나예요. 신성 로마 제국과 스페인 등 가톨릭교회를 지지하는 나라들과 프랑스, 네덜란드, 스웨덴, 덴마크 등 개신교회를 지지하는 나라들 사이에서 벌어진 종교 전쟁이에요. 싸움은 주로 독일 땅에서 벌어졌지만, 대부분의 유럽 국가가 참여했어요. 전쟁의 참상은 상상을 초월했어요. 신성 로마 제국 인구의 1/3인 800만 명이 목숨을 잃었어요.

전쟁이 다시 일어나지 않도록 1648년에 신성 로마 제국 베스트팔렌 지역에서 전쟁을 끝내는 평화 조약을 체결했어요. 그게 바로 베스트팔렌 조약이에요. 여기서 조약이란 국가끼리의 약속을 뜻해요. 베스트팔렌 조약은 17세기 근대 국민 국가의 탄생과 밀접한 관련이 있어요. 영토, 국민, 주권을 조건으로 하는 국가 개념이 근대 국민 국가인데요, 이런 생각이 베스트팔렌 조약부터 자리 잡기 시작했거든요.

이 조약에서 크게 두 가지 점이 중요해요. 첫 번째로 개인의 종교를 보장했어요. 조약 이후 개신교를 믿을 자유를 인정했어요. 두 번째로 '근대적 주권'이 생겼어요. 일정한 국경을 경계로 잡고 그 안에서 나라를 통치하는 질서는 이때 자리 잡았어요. 영토 중심의 국가 개념이 탄생한 거죠.

주권과 종교의 자유는 밀접한 관련이 있었어요. 중세 시대 유럽 각국에

30년 전쟁의 당사국들이 모여 베스트팔렌 조약을 체결하고 있다.
(출처: 위키미디어커먼스)

는 왕이 있었지만, 지방 영주들의 힘이 셌어요. 즉, 왕이 강력한 중앙 권력을 행사하기 어려웠어요. 무엇보다 신성 로마 제국 교황의 힘이 가장 셌죠. 유럽의 왕들은 교황으로부터 인정을 받아야 왕의 권위를 지킬 수 있었어요. 이전까지 신성 로마 제국은 가톨릭이라는 하나의 종교를 강요했어요. 그런데 종교의 자유를 인정했다는 것은, 신성 로마 제국의 영향력이 그만큼 약해졌다는 뜻이에요.

　교황의 힘이 약해지자 각 나라의 힘이 세졌어요. 신성 로마 제국으로부터 독립할 수 있는 발판이 마련된 거죠. 지금과 같은 국경선의 개념도 함께 생겨났어요. 베스트팔렌 조약은 국가가 영토를 기반으로 하고, 각 나라 영토의 경계인 국경선을 침범해서는 안 된다고 분명히 했거든요.

또한, 각국의 주권을 보장하면서 근대 국제 정치의 기반을 다졌어요. 베스트팔렌 조약에 따르면 모든 국가는 국력 차이와 관계없이 형식적으로 평등해요. 오늘날 대통령이나 총리 등 최고 통치자가 만나 회담할 때 함께 입장하는 관례가 있어요. 이 관례는 베스트팔렌 조약과 함께 만들어졌어요. 약소국이든 강대국이든 상관없이 회담 참여국이 동등한 위치에 있다는 점을 보여 주는 거예요.

국경선은 어떻게 정할까?

국가는 세계 지도에 나타났다가 사라지고는 해요. 예를 들어 폴란드는 현대사에서 두 번이나 지도에서 사라졌어요. 텍사스는 미국으로 편입되기 전에 독립 국가였고, 남수단은 2011년에 수단에서 떨어져 나와 새로운 국가가 됐어요. 이런 사례들은 국가의 경계가 역사적으로 큰 변화를 겪었다는 점을 보여 줘요. 지금과 같은 국경이 정해진 것은 불과 30년 전이에요.

국경선을 어떻게 정할까요? 국경선을 결정하는 요인은 크게 자연적 요인과 인위적 요인으로 나눌 수 있어요. 대개의 국경선은 지형을 따라 그어져요. 큰 강, 산맥, 해협* 등을 경계로 사람들의 생활 영역이 나뉘죠. 시간이 흘러 민족이 구분되고 국가의 경계가 만들어져요. 그래서 대부분 큰 강이나 산맥 등이 국경이 되며, 이렇게 지형을 따라 그어진 국경선은 구불구불한 형태가 돼요.

자연적인 국경에는 여러 종류가 있어요. 먼저 강을 경계로 하는 국경이 있어요. 북한과 중국의 국경선은 압록강과 두만강을 따요. 독일과 프랑스의 국경선은 라인강을 따라 구불구불 그어져 있어요. 미국과 멕시코 국경에는 리오그란데강이 있고, 태국과 라오스 국경에는 메콩강이 있어요.

호수를 경계로 하는 국경도 있어요. 미국과 캐나다 국경의 동쪽에는 오대호(五大湖)가 있어요. 미국과 캐나다의 국경에 걸쳐 있는 다섯 개의 큰 호수를 말해요. 슈피리어호, 미시간호, 휴런호, 이리호, 온타리오호로 구성되어 있어요. 이 호수들은 미국과 캐나다 양국의 영토에 속해요. 바다를 경계로 국경선이 생기기도 해요. 영국과 프랑스 사이에는 도버 해협이, 러시아와 미국 알래스카 사이에는 베링 해협이 있어요.

해협: 육지 사이에 끼어 있는 좁고 긴 바다.

산맥을 경계로 하는 국경은 높고 험준한 지형을 이용하여 자연적인 방어선을 형성해요. 인접 국가 간의 접촉을 제한하여 문화적 차이를 유지할 수 있죠. 인도와 네팔, 중국의 국경은 히말라야산맥을 따라 그어져 있어요. 아르헨티나와 칠레는 안데스산맥을 경계로 하고 이탈리아, 스위스, 오스트리아 사이에는 알프스산맥이 있어요.

특이하게 숲이 경계가 되기도 해요. 러시아와 핀란드 국경에는 숲이 있어요. 그리스와 불가리아 국경에도 울창한 숲이 자리 잡고 있어요. 중국과 몽골 사이에는 고비 사막이 국경 역할을 한답니다.

인위적으로 그어진 국경선은 자연적인 지형이나 지리적 특성을 따르지 않아요. 대신 위도나 경도와 같은 가상의 선을 따르거나 특정 합의나 조약에 따라 결정돼요. 미국과 캐나다 국경선을 본 적 있나요? 오대호를 제외한 서쪽 국경선은 완전한 직선이에요. 지구본에서 가로로 그어진 선을 위도, 세로로 그어진 선을 경도라고 하는데 미국과 캐나다 국경선은 가로선인 북위 49도선을 따라 그었어요. 영국과 미국의 영토 조약에 따라 그어진 선이 그대로 캐나다 국경선으로 굳어졌죠(당시 캐나다는 영국의 식민지였어요).

아프리카에도 직선 형태의 국경선이 많아요. 이 또한 유럽 국가들이 식

민지 개척을 하던 시기에 그어진 국경선이에요. 국경선이 직선인 나라들은 대부분 국가 형성의 역사가 짧다는 공통점이 있어요.

한 국가 내부에서 국민 투표로 새로운 나라를 세우기도 해요. 1993년 에티오피아로부터 독립한 에리트레아, 2011년 수단으로부터 독립한 남수단이 그래요. 모두 국민 투표를 거쳐 독립국이 되면서 국경선을 새로 그었어요. 반면에 국경을 맞댄 지역에 사는 주민들이 어느 나라에 속할지 의견이 다를 때도 있어요. 그래서 드물지만 주민 투표로 국경선을 결정하기도 해요. 독일과 덴마크 접경 지역인 슐레스비히 지역도 1920년 주민 투표로 국경이 결정됐어요. 주민 투표 결과, 슐레스비히의 북부는 덴마크에 합류하고 남부는 독일에 남기로 했어요.

우리나라에는 38선이 있었어요. 38선은 1945년 8·15 광복부터 1953년 6·25 전쟁이 끝나고 휴전선이 그어지기 전까지 남한과 북한을 가르는 경계선 역할을 했어요. 이 선은 1945년 제2차 세계 대전이 끝난 후에 미국과 소련이 합의해서 그었어요.

분단을 상징하는 38선 표지판 (출처: 위키미디어커먼스)

장기간 이어지던 제2차 세계 대전이 끝나 갈 무렵이었어요. 영국, 미국, 소련의 지도자들은 전후 처리에 관해 논의하는 자리를 만들었어요. 바로 얄타 회담이에요. 여기서 한반도의 독립 문제도 언급됐는데, 일본군의 점령지였던 한반도를 다른 나라가 임시 통치하는 안이 나왔어요. 그렇게 광복이 되자마자 한반도는 두 개의 나라로 쪼개졌어요. 그 과정에서 남북한 주민의 의사는 전혀 반영되지 않았어요. 정치적 또는 군사적인 이유로 일방적으로 그어진 선이었죠.

국경선은 일반적으로 관련국끼리 합의해서 결정해요. 합의한 내용은 보통 조약으로 구체화해요. 국경 조약은 국경의 안정성을 확보하기 위하여 대내외적인 효력을 발휘해요. 그렇기 때문에 조약으로 확정한 국경은 한쪽 당사국의 주권이 바뀌더라도 변하지 않아요. 예를 들어 북한과 중국의 국경은 북한과 대한민국이 통일돼 하나의 나라가 되더라도 계속 유지된답니다.

국제법에 따라 국경선을 정하기도 해요. 국경선은 보통 국경을 맞댄 당사국들이 결정하잖아요. 국제법에 따른 국경선은 국제법에 따라 일괄적으로 국경을 정해요. 국제법은 국가들이 서로의 영토를 인정하고 존중하도록 국제적인 질서를 만들어요. 앞에서 살펴본 베스트팔렌 조약이 대표적이에요. 또 모든 국가에 통용되는 기준을 정하고 따르게 하죠. 예를 들어 바다에서 국경을 설정하는 기준은 국제법을 따라요. 육지의 기준선, 즉 땅끝에서 12해리까지의 바다를 영해로 한다는 기준은 모든 나라에 똑같이 적용되는 국제법이에요.

tip

독일 철학자가 러시아에 묻힌 이유는?

전쟁에서 이기거나 어떤 국가를 식민지로 삼으면서 새롭게 국경선이 생길 때가 있어요. 독일의 유명한 철학자 칸트의 사례는 국경이 얼마나 극적으로 바뀔 수 있는지 잘 보여 줘요. 칸트는 평생을 고향인 쾨니히스베르크에서 보냈어요. 죽어서도 고향에 묻혔죠. 그런데 칸트 무덤은 독일이 아니라 러시아에 있어요. 제2차 세계 대전 이후 소련이 그 지역을 차지하고 이름을 쾨니히스베르크에서 칼리닌그라드로 바꿨거든요. 이후 소련이 해체되며 칼리닌그라드는 러시아 본토에서 떨어진 역외 영토가 되었어요.

러시아 칼리닌그라드 성당에 있는 독일 철학자 칸트의 무덤

나라마다 다른 국경선의 모양

나라의 모양은 가지각색이에요. 국경선의 모양도 다채로워요. 크게 나누자면, 구불구불 굽은 국경선과 반듯반듯 곧은 국경선이 있어요. 대개는 구불구불하고 삐뚤빼뚤해요. 산맥과 큰 강을 따라 국경선이 정해지다 보니 그럴 수밖에 없어요. 또 여러 전쟁을 거치면서 구불구불한 국경선이 만들어지기도 하죠. 유럽은 아주 복잡해요.

어떤 국경선은 마치 자를 대고 그은 것처럼 반듯해요. 앞에서 본 미국과 캐나다 국경선이 그래요. 1846년에 체결한 오리건 조약에 따라 북위 49도선을 기준으로 국경선을 그었어요. 참고로 미국과 캐나다 내의 각 주 경계선도 직선인 곳이 많답니다.

미국과 캐나다 사이의 국경선은 사람들이 양쪽 영토에 걸쳐서 생활한 지 한참 뒤에 그어졌어요. 그러다 보니 양국에 걸친 건물들이 있어요. 예를 들어 미국 버몬트주에 위치한 도서관은 국경선이 도서 대출실을 가로질러요. 미국 뉴욕주와 캐나다 퀘벡주에 걸쳐 있는 호텔도 있었어요. 이 호텔의 음료 바는 캐나다 쪽에, 당구장은 미국 쪽에 있었다고 해요. 그 외에도 많은 주택이 미국과 캐나다 양쪽에 걸쳐 있어요.

식민지를 두고 경쟁할 때도 서구 강대국은 지도에 줄을 먼저 그었어요. 1885년부터 1914년 제1차 세계 대전이 일어나기 전까지 유럽 강대국들은 아프리카 대륙의 거의 모든 국가를 식민지화했어요. 1884~1885년, 유럽 국가들이 독일 베를린에 모여 아프리카 지역의 식민지 분할을 위한 회의를 열었어요. 이때 아프리카의 부족·언어·문화·종교·정치적 현실을 고려하지 않고 국경선을 직선으로 그었어요. 이렇게 그어진 경계선은 그대로 아프리카의 국경선으로 굳어졌죠.

베를린 회의의 아프리카 쟁탈전을 풍자한 그림
(출처: 위키미디어커먼스)

1950년대에 이르러서야 아프리카 국가들은 식민지에서 해방되어 하나둘 독립하기 시작했어요. 현재 아프리카에는 55개의 국가가 있는데, 그보다 많은 1,000여 개의 부족이 존재해요. 아프리카 대륙에는 이렇게 많은 부족이 모여 사는데 국경선이 이상하게 그어지며 수천 개의 원주민 문화가 마구 뒤섞이게 됐어요. 어떤 국가에서는 200개의 부족이 갑자기 하나의 국가로 묶여 버렸다고 해요. 반대로 오랫동안 문화와 역사를 공유했던 부족들이 갈라지기도 했어요. 자신들의 의사와 상관없이 말이에요.

여러 아프리카 국가가 정치적 불안과 무력 분쟁을 겪고 있어요. 이는 유럽 국가들의 식민 지배와 무관하지 않아요. 예를 들어 이전에는 적대적인 부족이 나름의 경계를 설정하고 침범하지 않았어요. 그러나 하루아침에 하나의 국가에 속하게 됐어요. 서로 원수였던 부족이 사이좋게 지내기는 어려울 거예요. 게다가 언어와 문화까지 다르다면 더욱 힘들겠죠.

국경선이 가장 긴 나라는 어디일까?

오늘날 지구상의 육지는 남극 대륙을 빼놓고는 국경이라는 경계선으로 구분돼요. 남극을 제외한 모든 땅이 세계 각국의 영토에 속해 있거든요. 세계 지도를 펼쳐 보면 193개의 나라가 국경을 맞대며 직소 퍼즐처럼 맞물려 있어요. 지구 위의 땅을 빈틈없이 나누어 가졌죠. 나라마다 영토 크기가 다르다 보니 국경선의 모양만큼 국경선의 길이도 달라요. 영토가 가장 넓은 순서대로 나열하면 러시아(17억 헥타르*), 캐나다(9억 9,000헥타르), 미국(9억 8,000헥타르), 중국(9억 6,000헥타르), 브라질(8억 5,000헥타르) 순이에요.

그렇다면 국경선이 가장 긴 나라는 어디일까요? 영토가 가장 넓은 러시아일까요? 아니에요. 러시아 영토의 절반 크기인 중국이랍니다. 러시아는 위로 맞닿은 나라가 없지만 중국은 위아래로 맞닿은 나라가 많거든요. 중국의 육지 국경선을 모두 이으면 2만 2,000킬로미터가 넘어요. 참고로 미국과 캐나다의 국경선 길이는 8,890킬로미터에 달해요. 두 나라 사이의 국경선으로는 세계에서 가장 길죠. 알래스카 지역을 빼도 6,000킬로미터가 넘어요.

중국과 맞닿은 나라를 볼까요? 몽골, 러시아, 미얀마, 카자흐스탄, 인도,

헥타르: 땅의 면적을 나타내는 넓이 단위. 1헥타르는 축구장 한 개 크기.

네팔 등 열네 개 나라와 접해 있어요. 홍콩, 마카오 등 특별 행정구 두 곳도 있죠. 한국, 일본, 필리핀, 브루나이, 말레이시아, 인도네시아 6개국과는 바다에서 국경을 접하고 있어요. 그렇다면 총 20개국과 국경을 맞대고 있는 거예요.

모든 나라는 더 넓은 영토를 가지고 싶어 해요. 다른 말로 하면 국경선을 늘리고 싶어 하죠. 이런 이유로 많은 나라와 접하고 있는 나라일수록 영토 분쟁이 잦아요. 중국은 영토 분쟁이 많은 나라이기도 해요. 육지에서는 인도, 부탄과 분쟁 중이고, 바다에서는 일본, 필리핀과 분쟁을 벌이고 있어요.

중국과 국경을 맞댄 나라들

세계의 신기한 국경선

세상에는 신기한 국경선이 많아요. 여기 국경선의 주인이 네 번이나 바뀐 지역이 있어요. 알퐁스 도데의 소설 중에 〈마지막 수업〉이라는 작품이 있어요. 작품의 배경은 독일과 프랑스 경계에 있는 알자스로렌 지방이에요. 알자스와 로렌 지역을 묶어서 알자스로렌이라고 불러요. 〈마지막 수업〉에서 선생님은 학생들에게 오늘이 프랑스어로 하는 마지막 수업이라고 말해요. 1871년에 프랑스가 프로이센과의 전쟁에서 지면서 알자스 지방이 프로이센으로 넘어가게 되었거든요. 작가는 이 작품을 통해 전쟁으로 인해 모국어를 빼앗긴 프랑스인의 슬픔을 표현했어요.

알자스로렌의 첫 번째 주인은 프랑스였어요. 1648년 베스트팔렌 조약의 결과로 프랑스는 알자스의 통치권을 얻었어요. 로렌 지방은 1766년에 프랑스로 귀속되었죠. 그러다 1871년에 프랑스가 프로이센-프랑스 전쟁에서 지면서 프로이센에 합병되었어요. 프로이센은 이후 독일 제국을 선포했어요. 1919년 제1차 세계 대전에서 독일이 패하면서 프랑스는 알자스로렌을 돌려받지만 1940년에 이를 다시 독일의 히틀러가 강제로 빼앗았어요. 제2차 세계 대전이 끝난 후에야 프랑스에 반환되었죠. 독일 입장에서는 국경선이 네 번이나 바뀐 셈이에요.

바를러(Baarle)는 벨기에와 네덜란드 영토가 복잡하게 얽혀 있는 국경

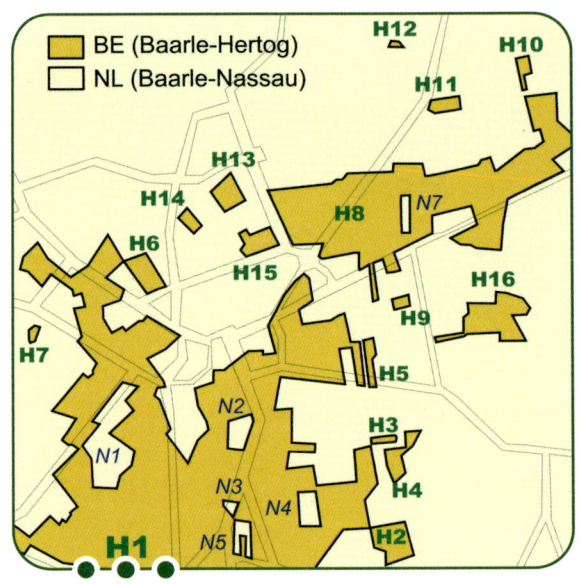

바를러 지역의 네덜란드 영역은 'N'으로 벨기에 영역은 'H'로 표기한다.
(출처: 위키미디어커먼스)

마을이에요. 한 마을 안에 두 나라가 있는 셈이죠. 그래서 마을 시장도 두 명이 있어요. 바를러의 벨기에 쪽은 바를러 헤르토흐(Baarle-Hertog)로, 네덜란드 쪽은 바를러 나사우(Baarle-Nassau)로 불러요. 바를러의 국경 선은 아주 복잡해요. 어떤 집들은 국경선의 양쪽에 걸쳐 있어요. 침실은 네덜란드에 있고 주방은 벨기에에 있죠.

두 나라의 국경선이 어지럽게 뒤섞인 데는 오래된 사연이 있어요. 중세 시대까지 거슬러 올라가는데요. 여러 백작과 공작이 이 지역의 땅을 사고 팔면서 문제가 시작됐어요. 예를 들어, A백작이 자신이 가진 땅 중 일부를

B공작에게 팔아요. B공작은 바를러 지역의 이곳저곳을 사들여요. 이런 토지 거래가 거듭되면서 바를러 지역의 소유권이 복잡하게 뒤얽혔어요. 이후 벨기에와 네덜란드 두 나라가 분리되면서 백작과 공작들의 국적도 갈라졌겠죠. 그러면서 각 백작과 공작의 땅도 국적이 갈라지게 된 거예요.

두 국가는 서로 적대적인 관계도 아니고 큰 불편도 없어서 국경선을 엄격하게 통제하지 않았어요. 그러다 이 지역을 방문하는 사람들이 늘어나면서 시내 곳곳에 국경선을 표시하는 보도블록을 깔았어요.

십자 모양의 보도블록이 국경선을 표시하고 국경선 타일 좌우로 벨기에를 뜻하는 'B'라고 새겨진 타일과 네덜란드를 뜻하는 'NL'이라는 타일을 박았어요. 주민들은 집 앞에 국기를 내걸거나 번지수 표지판에 국기를 표시

해 어느 나라인지 나타내기도 해요.

월경지(越境地)라는 게 있어요. 월경지란 본토에서 떨어져 다른 나라 영토에 둘러싸인 지역을 말해요. '역외 영토'라고도 해요. 식민지 시대에 본국과 멀리 떨어진 식민지가 바로 월경지였어요. 식민지가 독립해 나라를 세우면서 그런 월경지는 사라졌어요. 그런데 여전히 월경지가 남아 있는 곳이 있어요. 알래스카, 칼리닌그라드, 지브롤터 등이에요. 칼리닌그라드는 러시아 땅이지만 폴란드와 리투아니아 사이에 위치해요. 지브롤터는 영국 영토인데 스페인에 붙어 있어요.

스페인 지도에 표기된 지브롤터, 영국을 뜻하는 U·K가 붙어 있다.

방글라데시와 인도 경계에는 이중 월경지가 있었어요. 방글라데시 안에 인도 영토가 있고 그 영토 안에 다시 방글라데시 영토가 있었어요. 방글라데시가 동파키스탄에 속했던 1947년부터 68년 이상 해결책을 찾지 못하다가 2015년에서야 해결됐어요. 2015년 8월 1일, 인도와 방글라데시가 국경 인근 마을 162개를 서로 주고받았어요. 세상에서 가장 복잡한 월경지 문제가 68년 만에 해결됐어요.

세계에서 가장 대표적인 월경지는 알래스카예요. 알래스카는 미국의 한 주예요. 특이한 건 미국 본토에서 멀리 떨어져 있어요. 캐나다 서북부에 자리 잡고 있죠. 사실 이곳은 러시아 영토였어요. 미국은 1867년에 러시아로부터 이곳을 샀어요. 당시 러시아는 크림 전쟁에서 지면서 돈이 너무 궁해

져 알래스카를 팔기로 했어요. 알래스카가 춥고 사람이 살기 힘든 곳이니까 쓸모없는 땅이라고 판단했거든요. 당시 미국에서는 알래스카 매입을 비판하는 사람들도 적지 않았어요. 일부 언론은 쓸모없는 냉장고를 샀다고 조롱했어요.

그런데 30년 뒤 상황과 평가가 180도 달라져요. 알래스카 유콘강 기슭에서 금광이 잇따라 발견됐거든요. 1896년에서부터 1899년까지 3년 동안 캐낸 금의 양이 57만 킬로그램이에요. 1968년에는 유전이 발견됐어요. 이곳은 현재 미국 최대 규모의 유전으로 꼽혀요. 하루 원유 생산량만 평균 40만 배럴이에요. 알래스카는 지구상에 마지막으로 남아 있는 생태계의 보고로 한 해 동안 벌어들이는 관광 수익도 1억 5,000만 달러에 이르죠.

6개월마다 국적이 바뀌는 섬도 있어요. 프랑스와 스페인 사이에 있는 꿩섬(Pheasant Island)이에요. 폭 40미터, 길이 200미터에 불과한 작은 무인도예요. 프랑스와 스페인 사이에는 비다소아강이 흘러요. 꿩섬은 이 강에 있어요. 프랑스와 스페인은 1659년, 30년간 이어 온 전쟁을 마무리하기 위해 두 나라가 마주한 이 섬에서 협상을 벌였어요. 이후 협상을 벌인 이곳을 두 나라의 평화와 협력을 기리는 뜻에서 중립 영토로 선언했어요.

중립 영토가 되면 누구의 땅일까요? 두 나라 모두의 땅이에요. 다만 두 나라가 동시에 소유하는 게 아니라 소유권을 주고받아요. 6개월마다 통치권을 주고받기로 정했어요. 매년 2월부터 7월까지는 스페인이, 8월부터 1월까지는 프랑스가 통치해요. 두 나라는 지난 360여 년간 6개월마다 섬을 주고받았어요. 무려 728번 넘게 섬의 주인이 바뀐 셈이에요. 꿩섬처럼 두 개의 국가가 주권을 행사하는 지역을 '콘도미니엄(Condominium)'이라고 해요.

비다소아강 중간에 있는 꿩섬의 모습(출처: 위키미디어커먼스)

> 부록

국경선과 휴전선은 무엇이 다를까?

국경선에는 여러 종류가 있어요. 나라와 나라 사이의 경계를 정하는 국경선 외에도 미확정 국경선과 군사 분계선이 있어요. 미확정 국경선은 국경선이 있지만 아직 양국 간에 경계를 확정하지 않은 상태예요. 뒤에서 살펴볼 중국과 인도 사이의 국경선이 여기에 해당해요. 군사 분계선은 전 세계에서 한반도에만 존재해요. 우리나라와 북한 사이에 있는 휴전선이 그것이죠.

군사 분계선은 실효 지배 지역의 명확한 경계선이지만, 남북한 양쪽이 한반도 전역을 자기 영토라고 주장하기 때문에 국경선은 아니에요. 앞에서 우리 헌법이 "대한민국의 영토는 한반도와 그 부속 도서로 한다."라고 규정한다고 했죠? 여기서 한반도는 북한 지역을 포함해요. 즉 우리 헌법은 공식적으로 북한을 국가로 인정하지 않아요.

휴전선은 가장 폐쇄적인 장벽이에요. 지구상에 수많은 장벽이 있지만, 한반도를 두 동강 낸 군사 분계선처럼 양쪽이 철저히 단절된 장벽은 유례를 찾기 힘들어요. 남한에서 북한으로, 북한에서 남한으로 오갈 수조차 없잖아요. 장벽을 세울 때는 접촉과 이동을 통제하려는 목적이 얼마간 있지만, 우리나라의 휴전선처럼 완벽하게 그 목적을 달성한 사례는 드물어요.

일본의 식민지였던 조선은 전쟁 범죄를 저지른 나라가 아니었어요. 패전국은 일본이었지만, 오히려 조선이 분단되고 말았어요. 일본 제국주의가 물러난 자리에 미국과 소련이 멋대로 들어와 38선이라는 경계를 정했어요. 그 결과 국토가 분단되고 남한과 북한이라는 두 국가가 생겨났어요. 특이한 건 국가보다 국경선이 먼저 만들어졌다는 점이에요. 보통은 국가가 성장하고 팽창하면서 국경선을 정해요. 그러나 한반도에는 국경선이 먼저 생겼죠. 1945년에 38선이 그어지고 1948년에 남한과 북한이 각각 정부를 수립했어요.

2장

국경선이 왜 중요할까?

장벽의 역사

인류는 문명이 발달하기 전부터 벽을 쌓았어요. 《원시 전쟁(War Before Civilization)》의 저자인 로렌스 H. 킬리는 선사 시대 흔적으로 보았을 때, 인류가 1만 4,000년 전부터 방어용 울타리를 쌓았을 거라고 이야기해요. 인류가 농사를 짓기 시작한 게 약 1만 년 전이에요. 농경을 시작하기도 전에 이미 울타리부터 만들었다는 거예요. 당시에는 얼기설기 나무를 엮어 목책(나무 울타리)을 만들었을 거예요.

시간이 흐르면서 목책은 석벽(돌로 쌓은 벽)으로 발전했어요. 일부 지역에서는 돌을 더 높게 올려서 성벽을 쌓았어요. 그리고 마침내 산과 강을 넘어 넓은 지역을 나누는 장벽을 세웠어요.

문명 탄생지인 메소포타미아 지역에서는 기원전 3,000년경부터 성벽을 쌓기 시작했어요. 당시에는 벽돌을 구울 연료가 부족해서 벽돌을 햇볕에 말려야 했어요. 비가 내리면 진흙 벽돌에서 흙이 씻겨 나가 물길이 막히곤 했죠. 그런데도 메소포타미아 왕들은 대부분 적어도 하나씩은 도시 성벽을 세웠어요.

성벽은 고대부터 동서양에서 생명선의 역할을 했어요. 적의 침공으로 성벽이 뚫리거나 무너지면 나라가 위기에 처했어요. 고대 로마의 초대 황제였던 아우구스투스 황제 이후로 로마 제국은 드넓은 영토를 개척했어요. 트라야누스 황제(재위: 98~117년) 때는 이탈리아에서 시작해 스페인, 독일, 동부 유럽, 영국, 메소포타미아, 북부 아프리카까지 영토를 넓혔어요. 그 뒤를 이은 하드리아누스 황제(재위: 117~138년)는 정복을 멈추고 방어에 집중했어요. 제국 전역에 방벽을 쌓았죠. 그중에서 하드리아누스 방벽(Hadrian's Wall)이 제일 유명해요.

하드리아누스는 122년에 브리타니아(현재 영국)를 방문하며 국경을 보

하드리아누스 방벽(출처: 위키미디어커먼스)

호하기 위한 성벽을 세울 것을 명령했어요. 그 명령에 따라 영국 땅을 동서로 가르는 117킬로미터 길이의 하드리아누스 방벽이 세워졌어요. 136년에 완공된 장벽은 도랑, 성벽, 군용 도로, 1차 보루, 참호, 2차 보루로 겹겹이 이뤄진 견고한 방어 시설이었어요. 그러나 3세기에 로마 제국이 큰 위기를 맞이하면서 섬의 북쪽에 살던 스코트족과 픽트족이 장벽을 넘어오기 시작했어요.

만리장성

세계에서 가장 유명한 장벽은 만리장성일 거예요. 국경 장벽은 만리장성에서 출발했어요. 만리장성 이북은 흉노족이나 몽골족 같은 유목 민족이 사는 곳이에요. 그들의 침략을 막기 위해 쌓은 것이 만리장성이에요. 만리장성은 중국을 처음으로 통일한 진시황이 건설했다고 흔히 알고 있지만, 사실은 그렇지 않아요. 만리장성은 시황제만의 작품이 아니에요. 진시황은 이미 존재했던 장성들을 연결했을 뿐이에요. 만리장성은 춘추 전국 시대부터 수 세기에 걸쳐 만들어졌어요. 진나라, 한나라, 수나라, 당나라, 명나라 등 여러 나라에 걸쳐 계속 지어졌어요. 오늘날 남아 있는 성벽 대부분은 15세기 이후 명나라 때에 쌓은 것이에요.

만리장성의 '리'는 옛날에 거리를 잴 때 썼던 단위예요. 1리는 0.39킬로미터에 해당하죠. 만 리는 3,900킬로미터예요. 우리 선조들이 우리나라를 가리켜 '삼천리금수강산'이라고 했답니다. 여기서 삼천리가 바로 한반도의 크기예요. 그렇다면 만리장성은 한반도보다 세 배나 긴 거예요. 엄청나게 길죠? 만리장성의 실제 길이는 학자마다 달라요. 2,700킬로미터, 5,000킬로미터, 6,000킬로미터, 심지어 2만 킬로미터가 넘는다는 자료까지 있어요. 왜 이렇게 다를까요? 중간에 갈라져 나온 성벽 때문이에요. 전체 길이에 이를 얼마만큼 더하느냐에 따라 길이가 달라져요. 만리장성의 길이가 얼마든 인간이 지구상에 만든 가장 긴 건축물인 것은 틀림없어요.

국경은 국가의 최소 안전선

피부는 우리 몸을 외부 환경으로부터 보호하는 역할을 해요. 우리 몸의 첫 번째 방어선으로서, 바이러스, 세균, 곰팡이, 기타 병원체로부터 우리 몸을 보호해요. 이는 국경이 외부로부터 안전을 유지하고 나라를 보호하는 역할과 비슷해요. 국경은 국가 관할권*의 한계를 정하고 외부로부터 국가를 지키는 기능을 해요. 지금부터 국경선이 중요한 이유를 하나씩 살펴볼까요?

첫째, 국경선은 주권을 드러내요. 주권이란 한 나라가 영토와 국민에 대한 최고 권력을 가지고 있다는 것을 의미해요. 국경선은 주권의 범위를 명확하게 표시해 주는 동시에 보호해요. 주권의 범위는 국경선 안쪽까지이

관할권: 국가의 주권이 미치는 범위.

고, 다른 나라가 그 안으로 들어와 개입할 수 없어요. 즉, 국경선을 경계로 각 나라의 독립성이 보장되죠. 또한 국경선은 법이 적용되는 영역을 구분해요. 국경선은 나라와 나라 사이의 경계를 의미하죠. 이 경계는 각 나라의 영토를 구분하고, 그 나라의 법이 적용되는 지역을 규정해요. 각 나라는 자신의 국경선 안에서만 법을 집행할 수 있어요. 예를 들어, 우리나라 법은 일본에 적용되지 않고, 마찬가지로 일본 법도 우리나라에 적용되지 않아요. 그 나라 법은 국경선 안의 자기 영토에만 적용되죠.

둘째, 국경선은 국민의 안전을 지키고 국가 정체성을 유지시켜요. 국경선은 나라의 안전과 보안에서 중요한 역할을 해요. 국경선을 통해 외부의 위협으로부터 국민과 영토를 보호할 수 있어요. 예컨대 외국 군대가 다른 나라의 국경선을 넘으면 침략이에요. 또, 공항과 항만에서는 입국 심사를 통해 테러범과 범죄자가 들어오는 걸 막고 마약이나 무기 등을 몰래 들여오진 않았는지 검사해요. 불법적인 경로로 국경선을 넘어 온 이민자들은 추방 절차를 거쳐 자기 나라로 되돌려 보내죠.

또한 국경선은 국민 정체성을 규정

하고 강화해요. 국경은 하나의 집단을 담고 있어요. 국경선 안에 있는 국민은 같은 나라의 국민이라는 정체성을 공유해요. 프랑스의 경계는 프랑스의 영토적 범위를 표시해요. 그리고 프랑스 영역 안에 사는 사람들이 자신과 영역 밖 사람을 구분하게 해 줘요. 더 나아가 이는 프랑스 국민을 하나로 뭉치게 하죠. 국민의 응집력을 높이는 거예요.

셋째, 국경선은 국제 관계를 규정해요. 국경선은 국제 관계에서 중요한 역할을 해요. 국경선을 통해 이웃한 나라들은 자국의 영토를 확보하고 타국의 영토를 존중해요. 이는 평화적인 국제 관계를 유지하는 데 중요해요. 국경선이 확정되면, 즉 국가로 인정받으면 국제 사회에서 자주국으로서 권리를 주장할 수 있어요. 전 세계에는 독립하겠다며 목소리를 높이는 지역

과 집단이 많아요. 그러나 공식적으로 인정받지 못하죠. 정식 국가로 인정받으려면 인접한 국가들과의 국경선 협상을 해야 해요. 그렇게 국경선을 정하고, 정치적 결정을 하는 의회와 행정 업무를 담당할 행정 조직 등이 꾸려질 때 독립국으로 인정받을 수 있어요.

분쟁을 부르는 국경선

월드컵은 피파(FIFA, 국제축구연맹)에서 주관해요. 여기 피파 말고 코니파(ConIFA, 독립축구연맹)라는 단체가 있어요. 피파에 가입하지 못하거나, 가입하지 않은 나라들이에요. 국가 자격 기준의 문턱을 넘지 못해 세계지도에서 찾아볼 수 없는 '보이지 않는 국가들'이에요. 코니파에는 40개의 회원국이 있어요. 대부분의 회원국이 주권, 영토, 국민이라는 국가의 구성 요소를 갖췄는데도 정식 국가로 인정받지 못하고 있어요. 어떤 사정인지 국경선이 잘못 그어진 거예요. 국경선이 잘못 그어지면 큰 문제가 될 수 있어요. 어떤 문제가 발생하는지 함께 알아보아요.

내전이 가장 많이 일어나는 대륙이 어디일까요? 아프리카예요. 과거에는 앙골라 내전, 르완다 내전, 콩고 내전 등이 있었어요. 콩고민주공화국, 나이지리아 등에서는 여전히 내전이 멈추지 않아요. 수단 내전, 소말리아 내전 등도 진행 중이에요.

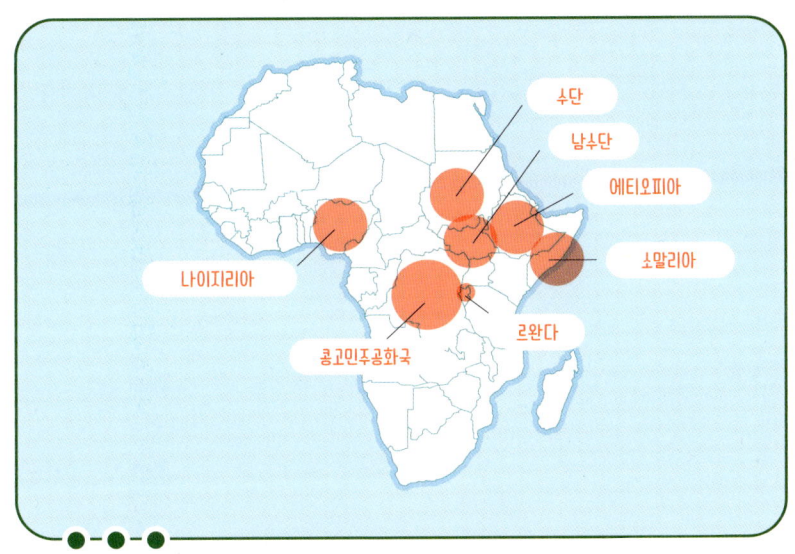

아프리카 내 분쟁 지역들

　르완다 내전을 볼까요. 아프리카 중부에 위치한 르완다는 한때 벨기에의 식민지였어요. 르완다에는 투치족과 후투족이 있었어요. 벨기에는 르완다를 지배할 때 소수인 투치족에게 권한을 몰아주고 후투족을 관리하도록 했어요. 당연히 투치족과 후투족의 사이는 나빠질 수밖에 없었겠죠. 그 갈등이 20세기 후반까지 이어졌어요. 결국 1994년, 3개월 동안 후투족이 투치족을 80만 명이나 죽인 '르완다 대학살'이 벌어졌어요.

　르완다 내전은 이웃 나라인 콩고민주공화국까지 확산해 콩고 내전이 벌어져요. 1996년에서 2003년에 걸친 전쟁으로 무려 540만 명에 달하는 사망자가 발생했어요. 아프리카에서 가장 큰 인명 피해를 낸 전쟁이라고 해서 아프리카의 세계 대전이라고도 해요. 지금까지 내전을 피해 콩고민주공화국을 떠난 사람들은 690만 명이나 된다고 해요. 콩고 내전은 28년째 이어지고 있어요. 그러나 서방 국가에 별다른 피해가 없다는 이유로 외면받고 있어요.

아프리카 국가들의 빈곤 문제는 세계적으로 심각해요. 그런데 무슨 돈으로 전쟁을 벌이는 걸까요? 전쟁을 하려면 무기와 군인이 필요한데 말이에요. 혹시 '자원의 저주'라는 말을 들어 본 적 있나요? 천연자원이 풍부한 국가가 그렇지 않은 국가보다 경제 성장이 더딘 현상을 일컫는 말이에요. 아프리카에는 천연자원이 매우 풍부해요. 전 세계 광물 매장량의 30퍼센트, 원유 매장량의 10퍼센트, 천연가스의 8퍼센트가 아프리카에 있어요.

콩고민주공화국에도 많은 광물이 묻혀 있어요. 코발트, 구리, 다이아몬드, 금, 은, 아연, 망간, 석탄 등 다양한 광물이 매장돼 있죠. 광물을 수출하고는 있지만 콩고민주공화국은 무척 가난해요. 유엔에서는 매년 문해율, 평균 수명, 1인당 실질 국민 소득 등을 토대로 각 나라의 선진화 정도를 평가하는 인간 개발 지수(HDI)를 발표하는데요, 여기서 콩고민주공화국은 조사 대상 193개국 중 180위일 정도로 가난해요.

광물 자원이 풍부한데 왜 가난한 걸까요? 광물 자원을 둘러싸고 여러 무장 단체가 다투고 있기 때문이에요. 콩고민주공화국에서는 유럽 지배

세력이 떠난 이후 무려 120여 개 무장 단체가 활동 중이에요. 이들이 오랜 내전을 벌이고 있어요. 파벌은 광물을 내다 판 돈으로 무기를 사들여요. 그 무기로 내전을 벌이죠.

그리고 잦은 내전의 바탕에는 잘못 그어진 국경선이 있어요. 아프리카에는 직선 형태의 국경선이 많다고 했죠? 이집트와 리비아의 국경선, 콩고민주공화국과 앙골라의 국경선, 알제리와 말리와 니제르의 국경선 등이 그러해요. 과거 유럽의 강대국들이 아프리카를 식민지로 만들면서 일방적으로 국경선을 그은 결과예요.

18세기에 산업 혁명이 시작되면서 유럽은 대량 생산을 위해 많은 자원이 필요했어요. 금, 고무, 상아 등 자원이 풍부한 아프리카는 좋은 먹잇감이었죠. 19세기부터 20세기 초반까지 유럽 각국이 앞다퉈 아프리카를 집어삼켰어요. 아프리카 쟁탈전이었죠. 그 과정에서 각국이 으르렁거리고 맞부딪치는 건 당연했어요. 충돌이 잦아지자 유럽 각국은 1884년에 독일 베를린에서 아프리카를 식민지로 나눠 갖는 회담을 열었어요. 이때 강대국들이 아프리카 땅에 마음대로 경계선을 그었어요. 부족 경계를 무시하고 철저하게 자기 편의와 이익에 따라 식민지 경계를 나눈 거예요. 이후에는 식민 지배로 아프리카 대륙의 원주민을 수탈했죠.

이렇게 설정한 경계선이 그대로 국경선이 되었어요. 그 결과가 지금까지 이어지고 있어요. 국가의 경계와 부족의 경계가 일치하지 않아서 분쟁이 끊이지 않죠. 부족이 다르다는 건, 언어가 다르고 문화가 다르다는 거예요. 아프리카가 가난한 이유도 여기에 있어요. 아프리카인이 특별히 게으르거나 무능력해서가 아니에요. 1990년대 개발 경제학자들이 아프리카의 경제 낙후 현상을 많이 연구했어요. 한 국가 안에 많은 부족이 살다 보니까 이해관계가 얽히고설켜 효율적인 경제 정책을 펴기 힘들어요. 예를 들어, 수많은 부족이 서로 다른 언어를 써요. 의사소통도 어려운데 협력이 쉽겠어요?

영유권 분쟁은 왜 일어날까?

영토는 국가의 자원, 안전, 경제 성장 등을 보장하는 중요한 요소예요. 영토는 단순히 육지만을 의미하는 것이 아니라 주변 바다와 하늘을 포함한다고 했죠? 이는 국가의 영해와 영공을 형성해요. 영토를 넓히면 더 많은 자원을 얻을 수 있고 전략적 요충지를 확보할 수 있어요. 이러한 이유로 세계 곳곳에서 영유권 분쟁이 벌어지고 있어요. 영유권이란 일정한 영토에 대한 해당 국가의 관할권이에요.

영유권 분쟁, 더 나아가서 전쟁은 종종 '땅따먹기'로 이해돼요. 하지만 깊이 살펴보면 단순한 땅따먹기가 아니에요. 그 중심에는 자원이 있어요.

자원은 에너지, 광물, 식량, 물 등 다양한 형태로 존재해요. 자원은 국가의 생존과 번영을 위해 꼭 필요해요. 자원을 활용하여 국민의 안정된 삶을 보장하고, 경제를 성장시키며, 국가를 지키는 데 필요한 군사력을 유지해요. 영토를 확장해 국경선을 그으면 거기에 속한 자원도 그 나라의 소유가 돼요.

전략적 요충지를 차지하려고 영유권 분쟁이 일어나기도 해요. 큰 전쟁이 벌어졌을 때 전쟁에서 승리하기 위해 꼭 필요한 지역이 있어요. 이를 '전략적 요충지'라고 해요. 예컨대 임진왜란은 일본이 조선을 침략한 전쟁이죠. 하지만 일본의 목표는 조선이 아니었어요. 조선을 발판으로 삼아 명나라로 쳐들어가려 했죠. 더 나아가 인도반도까지 집어삼키려 했어요. 일본 입장에서 조선은 전략적 요충지였어요.

그래서 영토의 중요성은 국제적인 긴장과 분쟁을 일으키는 원인이 되기도 해요. 특히 자원이 풍부하거나 전략적으로 중요한 위치에 있는 지역은 국가 간의 영유권 분쟁을 일으켜요. 최근 육상 자원의 고갈로 해양 자원의 중요성이 커지고 개발 경쟁이 치열해지면서 바다를 둘러싼 갈등이 빈번해지고 있어요. 이러한 분쟁은 국제 사회의 긴장감을 높여요. 국제적인 협력과 대화를 통해 해결해야 하는 중요한 과제죠.

대표적인 해양 영유권 분쟁 국가로 중국이 있어요. 중국의 육지 영토는 넓지만, 그에 비해 해안선은 상대적으로 짧아요. 당연히 중국이 끼고 있는 영해도 적을 수밖에 없죠. 중국을 기준으로 동쪽에 있는 동중국해와 남쪽에 위치한 남중국해를 제외하면 대부분의 국경이 육지에 있어요. 중국이 영해 확장에 중요성을 두는 이유예요. 하지만 중국의 무리한 영해 확장 시도는 영토 분쟁을 일으키는 원인이 되고 있어요. 중국은 동쪽에서는 일본과 센카쿠 열도(중국명 댜오위다오)를 두고, 남쪽에서는 베트남, 필리핀 등과 시사·난사 군도를 두고 영유권 분쟁을 벌이고 있어요.

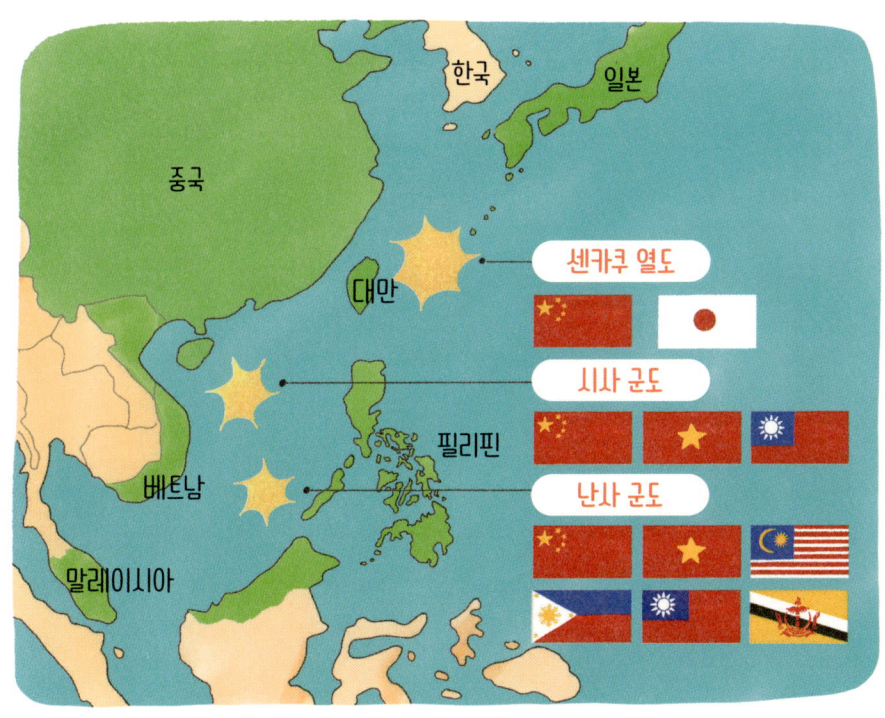

센카쿠 열도는 동중국해에 위치한 무인도예요. 이곳은 중국이 태평양에 진출하는 데 중요한 군사적 요충지로 여겨져요. 그래서 이 열도를 중국의 영토로 편입시키고자 해요. 센카쿠 열도에 매장된 자원도 영해 분쟁의 중요한 이유예요. 1968년에 유엔아시아극동경제위원회의 아시아 해저광물자원탐사 공동위원회는 동중국해 일대를 조사해 이곳에 천연가스와 석유가 대규모로 매장되어 있다는 보고서를 발표했어요. 그 후로 이곳을 둘러싼 영유권 주장에 불이 붙기 시작했죠.

현재 중국, 대만, 필리핀, 인도네시아, 말레이시아, 베트남, 브루나이 등의 국가가 남중국해에 접하고 있어요. 이곳엔 막대한 천연자원이 매장되어 있어 경제적인 가치가 높아요. 수산 자원도 풍부해서 인접국 어민들의 생계와도 밀접한 관련이 있죠. 남중국해에 매장된 것으로 추정되는 원유는 110억 배럴이며, 천연가스는 약 190조 세제곱미터에 이르러요. 또 전 세계 어획량의 1/10, 전 세계 해양 물류의 1/4도 남중국해를 지나고 있어요. 이러한 경제적 이점 때문에 각국은 남중국해에 있는 시사 군도와 난사 군도에 대한 영유권을 주장하고 있어요.

풍부한 자원과 전략적 위치 때문에 중국 입장에서 남중국해는 매우 중요해요. 베트남, 필리핀, 대만은 중국에 밀리지 않기 위해 안간힘을 다하고 있어요. 미국도 이 지역을 주시하고 있어요. 미국은 중국이 아시아 태평양

일대에서 지역 패권*을 구축한 다음 세계 제패의 길로 나설 거라고 걱정하거든요. 그래서 2018년 5월, 미국은 미국 태평양 사령부를 인도-태평양 사령부로 이름을 바꾸고 태평양 지역 내 영향력을 키우려고 노력하고 있어요. 인도, 일본 등과 함께 중국을 견제해 중국의 해양 패권 확장을 막겠다는 의도예요.

패권: 국제 정치에서 어떤 국가가 경제력이나 무력으로 다른 나라를 압박하여 세력을 넓히려는 것.

> **tip**
>
> ### 독도는 영토 분쟁 지역일까?
>
> 독도를 둘러싸고 우리나라와 일본이 갈등하고 있어요. 그렇다면 독도는 영토 분쟁 지역일까요? 우리 정부는 독도가 영토 분쟁 지역이 아니라는 입장을 한결같이 유지하고 있어요. 우리나라는 긴 실효 지배 기간과 역사적·지리적·외교적 자료를 근거로 독도가 우리 영토라고 주장해요. 여기서 실효 지배란 특정 지역이나 물건을 실제로 통제하고 관리하는 상태를 말해요. 독도는 우리나라의 행정 구역상 일부예요. 또한 독도에 파견된 우리 경찰인 '독도 경비대'가 독도를 지키고 있어요. 독도에 대한 영토 분쟁 자체가 존재하지 않는다는 입장이죠.
>
> 반대로 일본 정부는 독도를 분쟁 지역으로 규정해요. 그래서 독도에 대한 도발

을 멈추지 않아요. 분쟁 지역으로 만들어서 국제사법재판소로 끌고 가려는 의도예요. 국제사법재판소로 가면 우리에게 손해예요. 현재 우리는 독도를 실효 지배하고 있어요. 재판에서 이겨도 바뀌는 건 없죠. 그러나 지면 실효 지배하는 독도를 일본에 내줘야 해요. 우리에게 손해가 분명하죠.

물론 누군가 독도가 왜 우리나라 땅이냐고 물어봤을 때 당당하게 답할 수 있다면 좋겠죠? 독도가 대한민국 땅인 근거 세 가지를 함께 알아 둘까요?

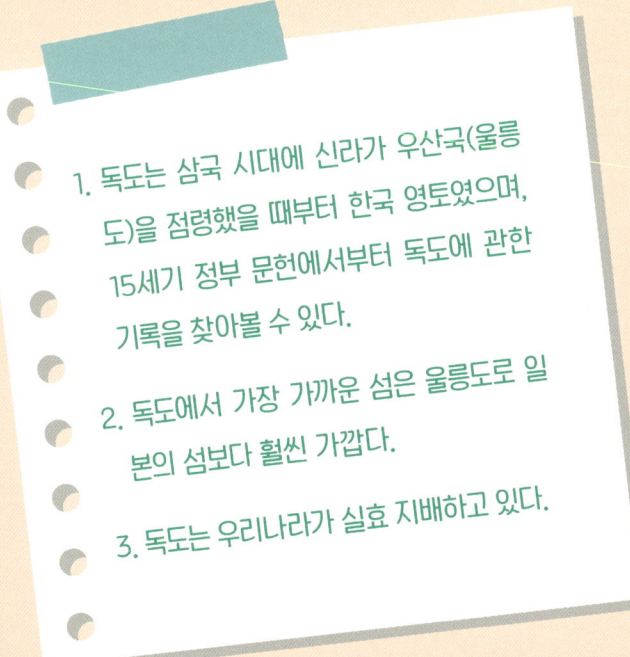

1. 독도는 삼국 시대에 신라가 우산국(울릉도)을 점령했을 때부터 한국 영토였으며, 15세기 정부 문헌에서부터 독도에 관한 기록을 찾아볼 수 있다.

2. 독도에서 가장 가까운 섬은 울릉도로 일본의 섬보다 훨씬 가깝다.

3. 독도는 우리나라가 실효 지배하고 있다.

독도를 지키는 독도 경비대의 모습
(출처: 독도 경비대_001, 기증 권오철, 공유마당, CC BY)

> 부록

미래에는 국경 분쟁이 사라질까?

'지구 온난화'나 '기후 변화'라는 말을 들어 본 적 있나요? 지구 기온이 빠르게 올라가면서 기후가 변하고 있다는 뜻이에요. 상황이 매우 심각해요. 그래서 '기후 변화' 같은 점잖은 표현 대신 '기후 위기'나 '기후 재앙'으로 불러야 한다는 목소리가 점점 커지고 있어요. 기후 위기는 우리 생활에 큰 영향을 미쳐요. 무더위와 강추위, 가뭄과 사막화, 집중 호우와 태풍 등 극단적인 기후 현상이 잦아지고 있거든요.

기후 위기는 국경선과 관련해서도 문제가 될 거예요. 바닷물의 높이가 올라가는 현상을 '해수면 상승'이라고 해요. 지구 기온이 올라가면 빙하가 녹아 바다로 흘러가서 바닷물의 수위가 높아져요. 그렇게 되면 과거에 설정한 자연적인 국경선이 모호해질 거예요. 천연 국경인 강과 호수마저 싸움의 장으로 바뀔 가능성이 커요.

약 1,200개의 산호섬으로 이루어진 인도양의 몰디브는 상황이 특히 더 복잡해요. 현재 몰디브는 넓은 바다를 거느리고 있지만, 해수면 상승으로 암초와 섬들이 물 밑으로 가라앉으면 현재의 영해는 사라지게 되죠. 그러면 강대국들이 몰려와 공해(空海)라고 주장할 가능성이 커요. 공해란 어느 나라에도 속하지 않고 모든 나라가 함께 사용할 수 있는 바다예요. 기후 위기에 책임이 큰 선진국들이 해수면 상승으로 생길 문제에 관심을 기울이기보다 새로운 '땅따먹기'에 달려들 수 있는 거예요.

국제이주기구(IOM)는 2050년경 기후 위기에 따른 자연재해로 최대 10억 명의 난민이 발생할 수 있다고 전망했어요. 더 먼 미래에는 지구에 인간이 살 수 있는 공간이 매우 제한될 거예요. 지구 기온이 4도 상승하면 인류가 살 수 있는 곳은 캐나다, 알래스카, 시베리아, 북유럽 등으로 제한될지 몰라요. 그때는 국경선이 더 이상 쓸모없을 수도 있어요. 국경선은 중요하지만, 절대적인 건 아니에요.

3장

피 흘리는 국경선

이스라엘-팔레스타인 분쟁

 2023년 10월 7일, 팔레스타인 무장 정파 하마스가 이스라엘 남부에 로켓 2,500발을 발사했어요. 이어서 가자 지구 분리 장벽을 넘어서 기습 공격하고 인질 수십 명을 납치했어요. 곧바로 이스라엘이 보복 공격에 나섰어요. 2024년 기준 팔레스타인인의 사망자 수는 3만 명이 넘었어요. 어린이만 1만 명 넘게 죽었어요. 이 싸움은 아주 오래됐어요. 1948년부터 시작됐으니 76년이나 됐네요. 현대사에서 최장기 무력 분쟁으로 기록될 거예요. 1948년에 이스라엘이 건국된 이후 매년 수백 명의 팔레스타인인이 이스라엘 군경에게 살해당했어요. 팔레스타인의 테러로 이스라엘인도 적지 않게 죽었죠.

가자 지구는 이스라엘, 이집트, 지중해와 삼면이 접한 지역이에요. 전체 면적 365제곱킬로미터에 222만 명이 살고 있지요. 세계적으로도 인구 밀집도가 높은 곳으로 꼽혀요. 이스라엘과 팔레스타인의 싸움을 이해하려면 이 땅을 둘러싼 역사를 살펴볼 필요가 있어요.

구약 성경에 하나님이 유대인에게 젖과 꿀이 흐르는 땅을 주기로 약속했다는 내용이 나와요. 그 땅이 바로 가나안이에요. 오늘날 팔레스타인과 이스라엘이 위치한 곳이에요. 기원전 1050년, 유대인들은 이곳에 이스라엘 왕국을 세웠어요. 하지만 남북으로 분열된 왕국은 거듭된 외세의 침략으로 기원전 6세기에 멸망했어요. 이곳은 여러 세력의 힘겨루기 끝에 기원전 63년에 로마 제국의 속국이 되었죠. 로마의 박해로 유대인 대부분이 가나안을 떠나 세계 곳곳으로 뿔뿔이 흩어지게 됐어요. 이후 유대인은 나라 없는 설움을 겪었어요.

16세기부터 20세기 초까지 이곳은 오스만 제국의 땅이었어요. 오스만 제국은 독일 편에 서서 제1차 세계 대전에 참전했지요. 독일이 패하면서 오스만 제국의 영토는 영국과 프랑스로 넘어갔어요. 팔레스타인은 영국이 도

아서 밸푸어와 밸푸어 선언(출처: 위키미디어커먼스)

맡아 다스렸어요.

유대인이 떠난 땅에서 2,000년 넘게 산 사람들은 무슬림(이슬람교도)과 기독교인이었어요. 그런데 19세기 후반부터 유대인이 이 지역으로 이주하기 시작했어요. 이곳에 나라를 세우자는 운동이 일어났거든요. 제1차 세계 대전이 발발하며 이 운동은 더욱 거세졌어요. 이 분쟁이 시작된 책임은 영국에 있어요.

1917년 영국 외무 장관인 아서 밸푸어가 유대계 금융 재벌인 로스차일드에게 '팔레스타인에 유대 민족 국가를 세우는 것을 지지한다.'라는 공개 서한을 보냈어요. 이를 '밸푸어 선언'이라고 해요. 그리고 제2차 세계 대전이 터지면서 홀로코스트(유대인 대학살)를 계기로 많은 유대인이 팔레스타인으로 몰려왔어요. 그때부터 유대인과 비유대인의 갈등이 점점 악화됐어요. 골치 아파진 영국은 1947년 이 문제를 유엔에 넘겨 버렸어요. 유엔에서는 팔레스타인 지역을 아랍인 구역과 유대인 구역으로 나누는 방안이 채택됐어요. 유대인은 찬성했지만, 아랍인은 반대했어요. 아랍권의 반발이 계속되는 가운데 1948년 5월 14일, 이스라엘이 건국을 선포했지요.

여기서 이스라엘과 아랍권의 갈등을 이해할 필요가 있어요. 이스라엘 사람들은 주로 유대교를 믿어요. 반면에 아랍권은 이슬람교를 믿지요. 팔레스타인 지역 사람들의 종교 역시 대부분 이슬람교예요. 이들의 다툼 이면에는 이 같은 종교적 갈등이 있어요.

이스라엘이 건국을 선포한 그해, 이스라엘 건국을 인정하지 않는 이집트, 시리아, 레바논, 요르단, 이라크 아랍권 5개국이 이스라엘을 공격했어요. 그러나 이스라엘이 전쟁에서 승리하면서 이스라엘은 처음 분할받은 영토보다 더 많은 땅을 확보하게 됐어요. 팔레스타인 영토의 80퍼센트를 차지하고 90만 명을 내쫓으며 이스라엘이라는 나라가 세워졌지요.

이스라엘 vs 아랍권 국가, 네 번의 중동 전쟁

1948년부터 1973년까지 이스라엘과 아랍권 사이에서 네 번의 전쟁이 벌어졌어요. 이를 '중동 전쟁'이라 불러요. 나라는 작지만 이스라엘은 우세한 군사력으로 모두 승리했어요. 영국·미국 등 서방 국가의 지원 덕분이었지요. 전쟁에서 잇따른 승리를 거둔 이스라엘은 팔레스타인을 탄압했어요.

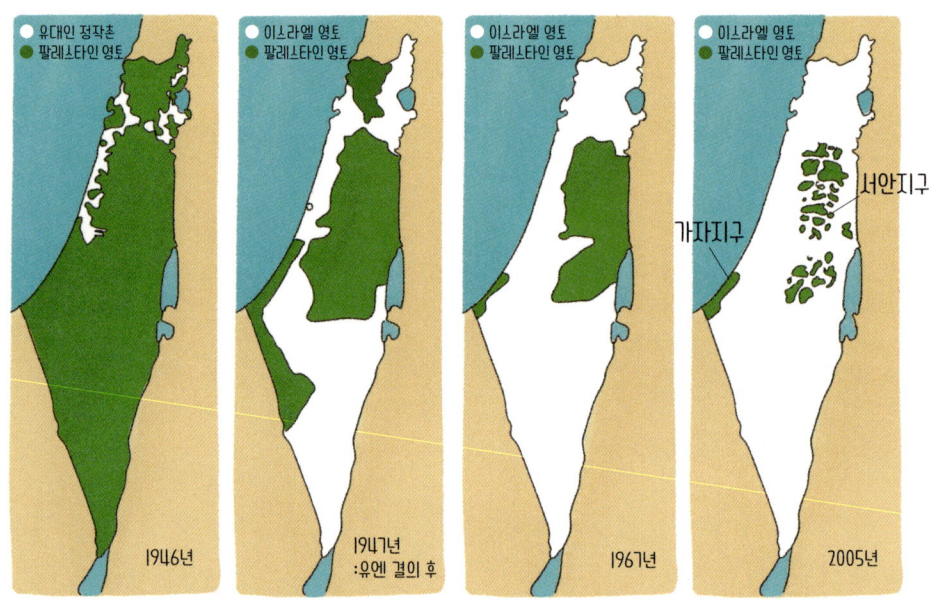

팔레스타인도 가만있지 않았어요. 1967년 제3차 중동 전쟁 중 이스라엘은 가자 지구와 서안 지구를 점령했어요. 이후 열두 살 어린이를 포함한 80만 명 이상의 팔레스타인인이 이스라엘 법률에 따라 감옥에 갇혔어요. 집회·시위 참여, 의사 표현 등이 이유였지요.

낙담하고 분노한 사람들이 들고 일어났지요. 이를 '인티파다(Intifada)'라고 해요. 봉기, 반란이라는 뜻이에요. 제1차 인티파다 기간인 1987년부터 1993년까지 지속적인 시위와 폭동이 발생했어요. 그 결과 팔레스타인 자치 정부가 세워졌어요. 자기들 스스로 자기 일을 처리하고 앞날을 결정하겠다는 거예요.

현재 가자 지구는 하마스가, 시안 지구는 팔레스타인 자치 정부가 통치하고 있어요. 하마스는 'Harakat al-Muqawama al-Islamiyya'의 아랍어 머리글자로 '이슬람 저항 운동(Islamic Resistance Movement)'을 뜻해요. 학교 선생님이던 셰이크 아메드 야신이 1987년 인티파다를 계기로 만든 팔레스타인 무장 단체예요.

2006년 하마스는 팔레스타인 의회의 다수당이 됐어요. 하마스가 다수당이 되자 이스라엘 정부는 가자 지구를 봉쇄하고 분리 장벽을 세웠어요. 높이가 8미터, 길이가 65킬로미터나 되는 콘크리트 장벽이 가자 지구 전체를 에워싸고 있어요. 이스라엘은 하마스의 공격으로부터 자국을 보호한다며 2007년 6월부터 가자 지구를 완전히 봉쇄했어요. 가자 지구로 통하는 지상, 해상, 공중을 전부 막아서 사람들이 드나들지 못해요. 심지어 '국경 없는 의사회' 같은 인도주의 구호 단체조차 신체와 소지품 검사를 하고 통과시켜요. 가자 지구는 삼면은 장벽으로, 나머지 한 면인 서쪽은 바다로

완전히 갇힌 모습이에요.

가자 지구는 외부에서 공급하는 전기, 수도, 생필품 등으로 목숨을 겨우 이어 가는데, 이스라엘은 이를 마음대로 통제해요. 가자 지구로 들어가는 물품을 일일이 확인하고 제한하거든요. 정수 시설도 가동을 멈춰 마실 물도 부족한데 식수 차량조차 출입이 금지되는 일이 잦아요. 이스라엘은 하마스 손에 무기가 들어가지 않도록 하기 위해서라고 강조하지요. 먹을 것, 마실 것, 입을 것은 물론이고 필수 의약품도 부족한 실정이에요. 이런 봉쇄가 17년째 이어지고 있어요. 폭력의 악순환을 끊어야 해요. 가두고 억누르고 괴롭히는 것은 해결책이 될 수 없어요. 이스라엘이 팔레스타인을 동등하게 대해야 해요. 동등한 관계에서 타협과 화해, 평화와 정의를 추구하는 새로운 길을 열어야 해요. 함께 살아가는 공존만이 답이에요.

러시아-우크라이나 전쟁

2022년 2월 24일 현지 시각 새벽 4시 50분경, 러시아의 포병대와 미사일 부대가 전면적인 포격을 시작했어요. 러시아 기갑 부대와 공수 부대가 벨라루스, 돈바스, 크림반도 세 방향에서 우크라이나를 압박했지요. 러시아는 우크라이나의 수도 키이우를 점령하려 했지만, 우크라이나의 강한 저항에 부딪혀 실패했어요.

전쟁은 2024년 현재까지 2년 가까이 이어지고 있어요. 전쟁 초기에 협상 시도도 있었지만 지금은 협상이 깨지고 전쟁이 길어지고 있어요. 전쟁으로 우크라이나에서는 수많은 사상자와 피란민이 발생했어요. 현재까지 우크라이나에서 1,000만 명 넘는 사람이 피란을 떠났지요. 우크라이나 경제도 심각한 타격을 입었어요.

러시아 이전에 '소비에트 연방', 줄여서 소련이라는 나라가 있었어요. 당시 소련은 동유럽의 많은 나라를 자기 나라로 포함시켜 큰 국가를 이루었어요. 이처럼 여러 나라가 뭉쳐 구성된 국가를 연방이라고 해요. 우크라이나도 소련에 포함됐어요. 이때 러시아에 맞닿아 있는 우크라이나 동부로 러시아인이 이주해 왔지요. 반면에 우크라이나 서부 지역은 소련에 통합되기 전 폴란드와 오스트리아의 지배를 받아서 유럽인에 가까운 정체성을 가지고 있었어요.

1991년 소련이 무너지면서 우크라이나를 비롯한 동유럽 국가들이 독립했어요. 그러다 보니 우크라이나에는 우크라이나어를 사용하는 우크라이나인과 러시아어를 사용하는 우크라이나인이 섞였어요. 우크라이나 인구 비율도 우크라이나인은 77퍼센트, 러시아인은 17퍼센트예요.

우크라이나에서는 고질적으로 친러파와 반러파가 대립했어요. 유럽에 인접한 우크라이나 서부는 러시아를 불편하게 생각하고, 러시아에 인접한 동부와 크림반도는 러시아를 지지해요. 반러파와 친러파의 갈등은 대통령 선거 때마다 불거졌지요. 2014년에는 우크라이나 동남부에 있는 크림반도에서 갈등이 커졌고, 러시아가 크림반도에 사는 러시아인들을 보호한다는 명목으로 크림반도를 집어삼켰어요.

크림반도가 왜 중요할까요? 러시아는 몹시 추운 나라예요. 겨울이 되면 대부분의 바다가 얼기 마련이에요. 만약 겨울에 전쟁이 났다고 해 봐요. 바다가 얼어서 전함을 띄울 수 없다면 낭패겠지요? 러시아 입장에서는 겨울철에도 바다가 얼지 않아 1년 내내 자유롭게 배가 드나들 수 있는 항구가 필요했어요. 이를 부동항(不凍港)이라고 불러요. 크림반도가 바로 부동항이에요. 또 크림반도는 지중해를 통해 군사력을 확대할 수 있는 중요한 장소예요. 이를 '전략적 요충지'라고 불러요. 부동항인 동시에 해군 거점이 되는 항구는 크림반도가 유일해요.

크림반도를 둘러싼 국제 사회의 다툼은 19세기부터 치열했어요. 1853~1856년에 크림반도를 두고 러시아와 영국·프랑스 등이 벌인 크림 전쟁이 대표적이에요. 크림반도는 러시아가 지중해와 대서양으로 나아가는

통로인 흑해에 위치해 있어요. 이런 중요성 때문에 크림반도 세바스토폴항에는 러시아의 흑해 함대 기지가 있었어요.

러시아가 크림반도를 집어삼키자 우크라이나의 위기감도 커졌어요. 우크라이나는 2013년부터 본격적으로 나토(NATO, 북대서양조약기구) 가입을 추진했어요. 나토는 미국과 서유럽 등이 소련의 위협에 맞서 체결한 군사 동맹이에요. 1949년 미국, 캐나다, 영국, 프랑스 등 12개국이 소련의 유럽 확장을 억누르기 위해 만든 기구죠. 우크라이나는 크림반도 병합 이후 나토 가입 의지가 한층 강해졌어요. 우크라이나의 나토 가입 시도가 이번 전쟁의 중요한 이유였죠.

우크라이나가 나토에 가입하면 어떻게 될까요? 우크라이나가 다른 나라로부터 공격받으면 나토의 '공격의 원칙'에 따라 모든 회원국이 우크라이나를 돕게 되지요. 나토의 공격 원칙은 북대서양조약 제5조에 명시돼 있어요. 이 조항에 따르면, 나토 회원국 중 한 나라에 대한 무력 공격은 모든 회원국에 대한 공격으로 간주해요. 나머지 회원국들이 힘을 합쳐 함께 싸우지요. 이를 '집단 방위 원칙'이라고 불러요.

러시아는 우크라이나의 나토 가입을 위협으로 생각했어요. 유럽과 러시아 사이에는 우크라이나, 벨라루스 등의 나라가 있어요. 만약 우크라이나가 나토에 가입하면 러시아와 나토 회원국이 국경선을 직접 맞대게 되는 거예요. 예컨대 나토의 미사일이 우크라이나에 배치될 수 있는데, 이는 러시아에 큰 위협이에요. 미사일이 우크라이나 동부 도시인 하르키우나 중부 도시인 드니프로에서 발사되면 러시아 수도인 모스크바까지 7~10분 만에 도달해요. 나토 미사일이 러시아를 더 빠르게 때릴 수 있는 거예요. 거리가 가까워지고 비행시간이 줄어들면 러시아에 위협이 되겠죠. 미사일이 모스크바에 도달하는 시간이 짧을수록 방어나 대피 등이 더 어려워질 테니까요.

양측의 군사력만 보면 전쟁은 금방 끝날 것처럼 보였어요. 러시아는 군사력 2위의 강대국이거든요. 하지만 우크라이나의 저항은 만만치 않았고 미국을 비롯한 서방 국가들이 우크라이나를 전폭적으로 지원하면서 예상은 빗나갔어요. 2024년 기준 미국과 유럽 국가들이 우크라이나에 지원한 액수는 약 237조 원이 넘을 것으로 예상해요. 그중 3분의 1이 군사 지원이에요. 이는 러시아의 한 해 국방비 예산보다도 많아요. 러시아-우크라이나 전쟁은 미국과 유럽 국가 대 러시아의 대리전처럼 전개되고 있어요.

이 전쟁으로 많은 사람이 고통받고 있어요. 러시아는 원유와 천연가스 등 대표적인 에너지 생산국이며, 우크라이나는 주요 식량을 세계에 공급하는 곡물 수출국이에요. 유엔무역개발회의에 따르면 우크라이나와 러시아가 전 세계 곡물 시장에서 차지하는 점유율은 밀 27퍼센트, 보리 23퍼센트, 옥수수 14퍼센트, 해바라기유 53퍼센트예요. 이 전쟁으로 인해 국제 유가가 오르고 곡물 가격도 치솟았어요. 2022년부터 이어진 전 세계적인 고물가도 전쟁의 결과예요.

우크라이나인의 고통은 이루 말할 수 없어요. 1,450만여 명의 우크라이나인이 집을 떠나야 했어요. 그중 800만 명은 유럽으로 갔고 650만 명은 우크라이나 내 다른 곳에 머무르고 있어요. 우크라이나를 떠난 난민 인구 중 여성과 아동 비율은 86퍼센트에 달해요. 유엔난민기구는 우크라이나 탈출 행렬이 "제2차 세계 대전 이후 가장 빠른 속도로 진행되는 난민 위기를 보여 준다."라고 밝혔어요. 러시아와 우크라이나는 전쟁을 끝내고 평화 협상에 나서야 해요.

두 나라가 관리하는 지역, 카슈미르

지상의 천국(Heaven On Earth)이라 불리는 카슈미르는 히말라야산맥의 아름다운 고산 지대에 자리해요. 캐시미어라고 들어 봤죠? 캐시미어 코트, 캐시미어 머플러 등이 있잖아요. 캐시미어는 바로 카슈미르 지방에서 나는 산양의 털로 짠 고급 모직물이에요. 캐시미어는 카슈미르라는 지역 명에서 비롯된 단어예요.

카슈미르는 히말라야 서쪽 끝 계곡에 위치해 히말라야의 아름다운 풍경을 볼 수 있어요. **빼어난 자연환경으로 유명해요.** 높은 산, 아름다운 호수, 깨끗한 계곡, 꽃이 만발한 초원 등 아름다운 자연 풍경을 볼 수 있어요. 천혜의 관광 자원이 매우 풍부해서 인도에 있었던 마지막 왕조 국가인 무굴 제국 시절부터 유명한 관광지였어요. 왕이 이곳에서 여름휴가를 보냈다고 해요.

제2차 세계 대전 이후 인도는 영국에서 독립했어요. 당시에는 인도, 파키스탄, 방글라데시가 무굴 제국으로 합쳐져 있었어요. 그러나 종족, 언어, 종교 등이 달랐어요. 그래서 1947년, 인도와 파키스탄 두 나라로 분리 독립하였죠. 그런데 카슈미르 지역이 문제였어요. 이슬람교를 믿는 다수 주민(77퍼센트)은 파키스탄에 속하기를 바랐지만, 카슈미르의 지배층(20퍼센트)이 힌두교를 믿었기 때문에 인도에 속하게 되었어요. 대다수 주민 의사를 무시하고 지배층이 독단적으로 내린 결정이었어요.

결국 인도와 파키스탄은 카슈미르 지역에서 큰 전쟁을 벌였어요. 이슬람 무장 세력이 파키스탄의 지원을 받아 카슈미르의 수도인 스리나가르를 점령하려고 하자 힌두교도들은 인도에 지원을 요청했어요. 3년 동안의 전쟁 끝에 두 나라는 휴전했고 카슈미르 지역은 인도령인 잠무카슈미르와 파키스탄령인 아자드카슈미르로 쪼개졌어요. 이후에도 두 나라는 카슈미르를 놓고 큰 전쟁을 두 차례나 더 벌였어요.

2021년, 두 나라는 무력 출동을 그만하기로 합의했어요. 현재 카슈미르에 있는 인도와 파키스탄 간의 경계선은 국경선이 아니라 통제선이라서 양측이 카슈미르를 서로 차지하려고 하기에 분쟁이 끝난 건 아니에요. 즉 미확정 국경선이에요. 국력에서 인도가 압도적이라 파키스탄이 다소 불리한 입장이에요.

종교가 다르면 함께 살 수 없을까요? 그렇지 않아요. 종교가 달라도 함께 살 수 있어요. 문제는 갈등의 골이 너무 깊어졌다는 거예요. 그래서 인도와 파키스탄은 나라를 쪼개고 국경선을 그었죠. 그런데 이 국경 설정은 오히려 수백만 명의 실향민을 낳았어요. 또, 파키스탄에서 다시 방글라데시가 쪼개졌죠. 이렇게 갈등의 골이 깊어진 원인을 거슬러 올라가면 영국의 식민 지배가 있어요.

영국은 인도를 200년 동안 식민 지배하면서 '분열시켜 지배한다'는 전략을 추구했어요. 종교, 인종, 지역 간 차별을 확대하고 적대 관계를 부추겼어요. 이런 전략이 식민 지배에 더욱 유리하다고 판단했거든요. 과거 인도에서는 다른 종교 집단끼리 갈등하지 않았고, 결혼, 축제, 음식 등 비슷한 문화적 풍습을 공유했어요. 그러나 영국의 분열 정책 탓에 힌두교와 이슬람교의 갈등이 극으로 치달았고, 그 결과 3개국으로 쪼개지게 됐어요. 이후 세 차례의 큰 전쟁과 핵무장, 테러 등이 발생했어요.

인도 내부에서도 분열이 일어났어요. 인도에는 카스트라는 부당한 신분 제도가 존재해요. 그러나 과거 카스트는 절대적인 사회 제도가 아니었어요. 신분 간의 경계가 느슨하고 유동적이었다고 해요. 카스트가 엄격하고 공고한 신분 제도로 굳어진 건 영국이 식민 통치의 주요 수단으로 삼으면서예요. 예를 들어 과거에는 최하위 카스트인 수드라가 마을을 떠나면 본인의 신분이 따라오지 않았지만, 식민 지배 이후로는 어디를 가든 평생 수드라로 살아야 했어요. 군대도 철저하게 카스트를 기반으로 편성됐어요. 인도 정부는 카스트에 의한 차별을 해소하기 위해 꾸준히 노력해 왔지만 현재까지 인도에서 카스트의 영향력은 무척이나 강해요.

영토를 둘러싼 특이한 갈등

영토 분쟁은 주로 특정 지역에 대한 국가 간의 주장이 충돌하거나 국경선을 결정하는 과정에서 의견이 달라서 벌어져요. 영토 분쟁의 사례는 많아요. 영토 분쟁은 과거에 빈번히 벌어졌고 지금도 자주 벌어지고 있어요. 여기 핵무기를 가진 두 나라가 국경선 때문에 몽둥이를 들고 전투를 벌였다는 사실을 알고 있나요? 바로 중국과 인도 사이에서 벌어진 무력 충돌이에요.

중국은 1960년대 이후 인접국들과 국경 조약을 맺고 국경선을 확정했어요. 미얀마를 필두로 네팔, 북한, 몽골, 아프가니스탄, 파키스탄 등과 국경 조약을 체결해 현재는 12개국과 국경 조약을 맺었어요. 하지만 아직 인도와는 국경 조약을 맺지 않았어요.

인도가 영국 식민지이던 시절, 영국은 히말라야산맥을 제대로 측량하지 않고 지도에 국경선을 그었어요. 이후 중국이 히말라야에 있는 티베트를 점령하면서 중국과 인도가 맞닿게 돼요. 정확한 측량 없이 국경선이 그어진 탓에 두 나라의 국경선은 애매한 곳이 많아요. 국경선의 길이도 짧지 않죠. 중국과 인도의 국경선은 4,000킬로미터에 달해요.

그래서 양국의 경계선에서 충돌이 발생하곤 해요. 인도는 1962년 국경지대 전면전에서 크게 졌고, 2020년에 벌어진 몽둥이 전투에서도 인도군

20여 명이 사망했어요. 두 나라가 서로 다른 국경선을 주장하면서 갈등이 이어지는 거예요.

해양 영유권 분쟁의 대표적인 사례로는 카스피해 분쟁이 있어요. 카스피해는 아시아 북서부와 유럽 사이에 위치한 세계 최대의 내륙호예요. 크기가 한반도의 두 배나 돼요. 명칭은 바다로 되어 있지만, 지리학자들은 호수라고 규정해요. 러시아 남서부, 카자흐스탄, 투르크메니스탄, 아제르바이잔, 이란 북부로 둘러싸여 있어요. 호수인데 염분이 있어 바닷물처럼 짠맛이 나요. 게다가 크기까지 워낙 크다 보니 '바다인지, 호수인지'를 두고 다툼이 벌어졌어요.

카스피해를 바다로 볼 경우엔 유엔 해양법 조약의 적용을 받아야 하지만, 호수일 경우 인접국들이 면적을 공평하게 나눠야 해요. 1991년 소련이 해체되기 전에는 별문제가 없었어요. 남쪽 일부를 제외하면 나머지는 모두 소련에 포함돼 있었거든요. 소련과 이란은 카스피해를 호수로 보고 면적을 공평하게 나눴어요. 1991년 소련에서 카자흐스탄, 투르크메니스탄, 아제르바이잔 등이 독립하면서 카스피해를 둘러싼 나라가 다섯 곳으로 늘어났어요. 이들은 카스피해를 바다로 볼 것을 주장했지만, 연안 면적이 제일 좁은 이란은 예전처럼 호수로 보고 5등분으로 공평하게 나누거나 자원을 공동 개발해야 한다고 주장했어요.

바다로 볼 때

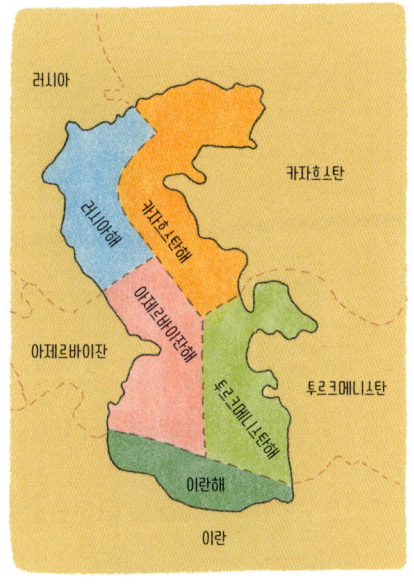
호수로 볼 때

20년 넘게 이어진 분쟁은 2018년 5개국이 협약을 맺으면서 끝났어요. 카스피해를 '특수 지위를 가진 바다'로 규정하고 공동 관리하기로 했어요. 쉽게 말해 바다와 호수의 중간으로 합의한 거예요. 바다의 특성을 반영해 연안 15해리까지 영해로 삼고 25해리까지 배타적 어업권*을 설정했고, 호수의 특성을 반영해 5개국 외의 군대가 카스피해로 진입하는 것을 인정하지 않았어요. 해저 자원은 당사국 간의 합의에 따라 확정하기로 했어요. 이 협약은 비교적 평화롭게 영토 분쟁을 해결한 사례 중 하나예요.

배타적 어업권: 어업 활동에 관한 독점적 권리.

tip

돼지 한 마리의 희생으로 정해진 국경선

영토 분쟁이 반드시 충돌로 이어지는 건 아니에요. 평화적으로 해결한 사례도 있어요. 미국과 캐나다 사이에 그런 일이 있었는데요. 앞에서 1846년 체결된 오리건 조약으로 미국과 캐나다에 북위 49도의 국경선이 정해졌다고 했죠? 그런데 국경선을 둘러싼 갈등이 완전히 사라진 건 아니었어요. 오리건 협정이 맺어진 지 13년이 지난 1859년 6월 15일, 미국 시애틀과 캐나다 밴쿠버 사이에 위치한 샌환 제도에서 일이 터졌어요. 이곳에서 양국은 영유권을 주장하며 뒤섞여 살고 있었어요. 하루는 미국인 농부가 자신의 감자밭을 파헤치는 영국계 회사 농장 소유의 돼지를 총으로 쏴 죽였어요. 이 사건으로 양국은 군대를 보냈어요. 작은 섬에 두 나라 군인이 12년간 대치했죠. 갈등은 독일 황제 카이저 빌헬름 1세의 중재로 마무리됐고 그 결과 섬은 미국 영토가 됐어요. 실제 싸움은 벌어지지 않았어요. 유일한 피해는 돼지 한 마리뿐이었죠. 세계에서 가장 긴 국경선이 가장 적은 비용으로 결정된 셈이에요.

> 부록

멕시코 장벽

　인터넷과 스마트폰으로 연결된 시대에 세계 곳곳에 장벽이 세워지고 있어요. 멕시코 장벽이 대표적이에요. 미국과 멕시코는 국경을 맞대고 있어요. 길이가 3,145킬로미터예요. 서울에서 부산까지 거리의 아홉 배가 넘어요. 트럼프 전 미국 대통령 재임 기간인 2017년부터 2021년까지 미국은 멕시코 접경지대에 높은 장벽을 세웠어요. 이 시기에 총 724킬로미터 길이의 장벽이 건설됐죠.

　미국이 장벽을 세우는 이유가 뭘까요? 비자나 이민 서류 등 정식 절차를 거치지 않고 불법으로 국경을 넘는 사람들을 막기 위해서예요. 미국은 이런 불법 이민자들을 막으려고 다양한 정책을 시행하고 있어요. 불법 이민자에 대한 처벌을 강화하고 이민 신청 절차를 수정했죠. 그리고 장벽도 세웠어요. 하지만 이런 장벽에도 불구하고, 매달 거의 20만 명이 넘는 사람들이 국경선을 넘으려고 시도해요.

　사람들이 멕시코에서 미국으로 넘어오는 이유가 뭘까요? 먹고살기 위해서예요. 국경을 넘는 사람은 멕시코 사람만 있는 건 아니에요. 멀리 남아메리카에서 오는 사람들도 있어요. 극심한 경제난으로 살기 어려워서 고국을 떠난 사람들이죠. 폭력과 범죄 위협 등을 피해 떠나온 사람들도 있어요.

국경을 건너는 여정은 매우 위험해요. 중간에 목숨을 잃는 사람도 많아요. 사막, 강, 산 등을 통과해 며칠씩 걸어서 건너야 하거든요. 많은 사람이 더위와 탈수로 목숨을 잃어요. 강을 건너다 물에 빠져 죽는 경우도 있어요. 특히 불법으로 미국으로 들어가려는 사람들은 인신매매, 강제 노동, 폭력 등의 위험에 노출되기도 해요.

불법 이민 문제가 계속되면서 멕시코는 국경 지역을 단속하고 미국 국무부 장관과 만나 불법 이민 문제를 두고 회담을 나누기도 했어요. 하지만 불법 이민을 단순히 미국과 멕시코만의 문제로 볼 수는 없어요. 경제 붕괴, 정치 불안, 자연재해 등 여러 이유로 사람들이 목숨을 걸고 장벽을 넘고 있으니까요. 이민 정책도 중요하지만, 세계 각지에서 벌어지는 사건 사고와 부조리한 제도, 불평등한 사회 구조에 관심을 갖고 함께 해결하려는 국제적인 연대가 필요해요.

4장

선을 넘는 사람들

국경을 넘나든 역사

우리는 집을 짓고 살아가요. 집에서 나와 학교나 직장에 갔다가 다시 집으로 돌아오죠. 너무나도 자연스러운 일상은 그리 오래되지 않았어요. 인류가 집을 짓고 머물러 살기 시작한 지 1만 2,000년이 조금 넘었어요. 지구상에 인류가 등장한 이래 인류는 오랜 시간을 떠돌며 살았어요. 400년 전만 해도 세계 인구의 1/3이 유목 생활을 했어요. 즉, 한곳에 정착해 살지 않았어요. 지금도 3,000만 명 이상이 유목 생활을 한다고 해요.

정착민이 된 후로도 종종 인류는 무리 지어 살던 곳을 떠났어요. 신대

륙 아메리카를 발견하면서 유럽에서 미국으로 수많은 사람이 이동했어요. 1607년 영국이 미국 땅에 최초로 이주민 정착지를 만들었어요. 그 후 프랑스와 네덜란드 같은 나라도 아메리카 대륙에 식민지를 건설하기 시작했죠. 1820년부터 1957년까지 미국으로 이주한 사람은 4,100만 명에 달했어요. 그중 3,400만 명 이상이 유럽에서 건너왔죠. 이민 대국으로 알려진 미국 인구는 1850년 2,600만 명에서 1910년에 9,200만 명으로 증가했어요.

또 다른 신대륙인 오세아니아에도 사람들이 이주하기 시작했어요. 호주 국기 안에 영국 국기가 들어 있다는 사실을 아나요? 호주 국기 안에 왜 영국 국기가 들어 있을까요? 영국인이 바다를 건너와서 세운 나라가 호주이기 때문이에요. 처음에는 범죄자를 호주로 보냈어요. 1788년부터 1868년까지 영국은 호주 식민지로 16만 명 이상의 죄수를 옮겼어요. 이후 많은 이민자가 호주

호주 보타니 만에 도착한 영국 죄수들의 모습 (출처: 위키미디어커먼스)

로 몰렸어요.

　유랑 민족으론 집시를 빼놓을 수 없어요. 집시는 인도-아리아계의 유랑민들을 지칭하는 고유 명사예요. 노래와 춤에 능하고 어느 한곳에 머무르기보다 떠돌이 생활을 했어요. 프랑스에서는 '보헤미안'으로 불렸죠. 집시가 어디에서 왔는지는 분명하지 않지만 히말라야산맥 평야에 살았던 것으로 추정해요. 현재는 주로 서아시아와 동유럽 지역에 거주하고 있어요. 집시는 14~15세기경 유럽 전역에 뿔뿔이 흩어졌어요. 이때 정착한 집시의 상당수가 노예로 전락했어요. 일부는 방랑 생활을 선택했어요.

　집시들은 한곳에 정착하거나 타 문화에 쉽게 동화되지 않았어요. 이러한 기질 때문에 1800년대 중반에 노예제가 폐지된 후에도 집시는 계속 차별받았어요. 제2차 세계 대전 때는 독일 나치의 박해를 받았죠. 역사학자들은 당시 최소 22만 명의 집시가 목숨을 잃었다고 추정해요.

　1845년부터 1850년까지 아일랜드에는 대기근이 발생했어요. 감자잎마름병이 퍼져 주식이던 감자 수확량이 3/4 이상 줄어들었죠. 굶주림을 피해 수많은 아일랜드인이 나라를 떠났어요. 약 200만 명으로 추산해요. 당시

아일랜드 인구의 20퍼센트가 기근으로 죽거나 이민을 떠났어요. 그중 상당수가 미국으로 향했어요. 미국 말고도 영국, 캐나다, 호주, 뉴질랜드 등지로도 대규모 이주를 했어요. 대기근 외에도 종교 차별, 산업 약화, 강제 퇴거 등을 이주의 원인으로 지목하기도 해요.

한국인의 이주도 살펴볼까요? 조선 말기부터 일제 강점기까지 가난과 일본 제국주의를 피해 중국 만주와 러시아 연해주 등으로 이주한 한인들이 있었어요. 그들은 황무지를 개간하며 척박한 삶을 일궜어요. 일본에 토지를 빼앗긴 농민과 노동자들이 만주와 일본으로 건너가기도 했어요. 독립운동가들도 중국, 러시아, 미국으로 건너가 독립운동을 펼쳤죠.

지금까지 살펴본 이주는 기근, 가난, 핍박 등을 피해 이동한 사례예요. 어쩔 수 없는 사정이 있었더라도 강제적 이동은 아니에요. 반면에 강제로 국경을 넘어야 했던 사람들도 있어요. 16~19세기, 수많은 아프리카인이 노예로 끌려갔어요. 300년이 넘는 기간 동안 무려 1,200~1,500만 명이 노예가 돼서 아메리카 등지로 실려 왔어요.

흑인들은 노예 무역선에 짐짝처럼 실렸어요. 한 사람에게 주어진 공간은 겨우 40센티미터에 불과했어요. 다닥다닥 누워 있던 흑인들은 관 속의 시체와 다르지 않았어요. 그들의 손목, 발목, 목 등에는 쇠사슬이 채워져 있었어요. 수개월이 걸리는 항해 기간에 10퍼센트 이상이 목숨을 잃었어요.

노예 무역선에 강제로 실린 흑인 노예들 (출처: 위키미디어커먼스)

위생 상태가 열악하고 질병, 학대, 자살, 폭동 등으로 사망률이 높았죠.

유럽 국가들은 사탕수수와 담배 재배 등 신대륙 경영에 필요한 노동력을 확보하려고 노예를 부렸어요. 처음에는 아메리카 원주민과 아일랜드인을 고용했으나 전염병과 고된 노동으로 노동력이 줄어들자 아프리카 흑인에게 눈을 돌렸어요. 포르투갈을 시작으로 영국, 스페인, 프랑스, 네덜란드 등이 노예 무역에 뛰어들었어요.

여기서 등장한 게 삼각 무역 체제예요. 유럽의 총과 화약, 술 등을 아프리카로 가서 노예와 교환하고, 노예선에 노예를 실어 담배 농장이 있는 북미 대륙이나 서인도 제도로 가서 팔아요. 그리고 노예를 판 돈으로 담배와 설탕을 사서 다시 본국으로 돌아가요. 유럽 국가들이 16~18세기에 축적한

부는 대부분 노예 무역으로 얻은 거예요.

제2차 세계 대전 당시 일본 노동자들이 부족해지자 일본은 조선인들을 강제로 일하게 했어요. 이를 강제 노역이라고 해요. 끌려간 사람들은 국내뿐 아니라 일본 홋카이도, 러시아 사할린, 태평양 남양 군도 등에 보내져 탄광, 공장, 건설 현장 등에서 혹독하게 일했어요. 일제의 침략 전쟁 수행을 위해 한국인을 강제로 동원한 거예요. 1932년에는 일본이 만주국을 건설하며 한인들을 대규모 집단 이주시키기도 했어요. 그 수만 25만 명이 넘어요.

난민이 떠나는 이유

2015년 9월 2일, 알란 쿠르디라는 세 살 아이가 죽은 채 지중해 해변에서 발견됐어요. 알란의 가족은 시리아 내전으로 난민이 됐어요. 터키에서 난민 생활을 하다가 유럽으로 가려고 그리스행 보트를 탔어요. 그런데 작은 보트에 너무 많은 사람이 탄 바람에 출발한 지 얼마 되지 않아 배가 뒤집혔어요.

지중해를 건너려면 목숨을 걸어야 해요. 난민들은 고무보트나 작은 배를 타고 지중해를 건너요. 이 배들을 불법으로 운행하는 사람들은 돈을 더 벌려고 사람들을 빽빽하게 태워요. 그래서 배가 뒤집히는 일이 자주 발생해요. 2014년부터 2022년까지 2만 5,000명이 넘는 난민이 지중해를 건너다 익사하거나 실종됐어요.

난민은 생명의 위협을 피해 나라 밖으로 도망칠 수밖에 없는 사람을 말해요. 일반적으로 본국의 박해를 피해 외국으로 피신한 사람을 일컬어요. 전쟁, 인종, 종교, 국적, 특정 사회 집단 구성원이라는 이유로 신변을 위협받거나 죽을 수 있어서 고국을 떠난 사람들이에요. 많은 사람이 정치적 또는 종교적 이유로 억압받고 있어요. 어떤 사람은 피부색이 검다는 이유로, 동성애자라는 이유로, 여자아이라는 이유로 고통을 당해요. 대부분의 난민은 고국으로 돌아가면 체포돼 고문을 당할 위험이 있어요.

유엔난민기구에서 발간한 〈2022년 전 세계 난민 동향 보고서〉에 따르면 2022년을 기준으로 난민을 포함한 강제 실향민 수가 1억 840만 명으로,

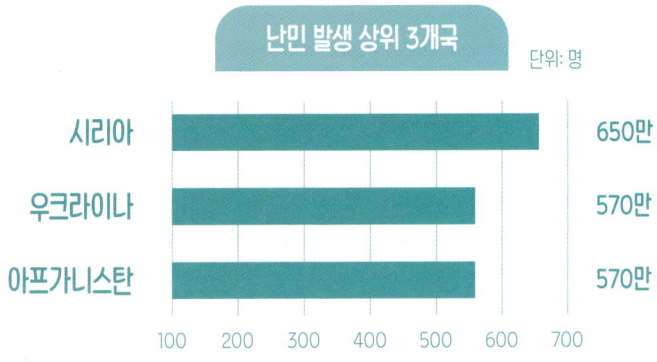

2022년 전 세계 난민 동향 보고서(출처: 유엔난민기구)

2011년 약 4,000만 명의 두 배 이상 증가했어요. 세계 인구 74명 중 한 명 이상이 어쩔 수 없이 피란을 떠났다는 거예요. 특히 2022년에 러시아가 우크라이나를 침공하면서 많은 난민이 발생했어요.

난민은 왜 생겨나는 걸까요? 사람들이 난민이 되는 가장 흔한 이유는 전쟁이에요. 전쟁은 집, 학교, 병원 등을 무너뜨리고 일상을 파괴해요. 2010년 이후에 난민과 실향민이 가장 많이 생겨난 나라는 우크라이나, 시리아, 아프가니스탄, 남수단 등이에요. 모두 전쟁을 치르고 있는 나라들이죠. 베네수엘라도 많은 난민과 실향민을 배출하고 있어요. 전쟁은 없었지만 정치 불안과 극심한 경제난 등을 이유로 많은 사람이 베네수엘라를 떠났어요. 그 수만 700만 명 가까이 돼요.

난민이 발생하는 나라들은 공통점이 있어요. 대개 오랫동안 식민 지배를 받았다는 점 그리고 이후 독재자들이 등장해 정치적 탄압을 일삼았다는 점이에요. 또, 내전 등으로 인해 한순간에 삶의 터전에서 쫓겨난 이들도 많아요. 독재 정치나 내전은 난민이 생겨나는 주된 배경이에요.

그렇다면 어쩔 수 없이 자국의 다른 곳으로 살 곳을 옮기면 난민일까요, 아닐까요? 즉 피란민도 난민일까요? 난민은 개인의 선택이 아닌 어쩔 수 없는 이유로 고향을 떠나는 이들을 일컬어요. 자신이 태어난 나라에서 일어난 분쟁이나 정치적인 박해 등을 피해 생명과 가족을 지키기 위해 모든 것을 버린 채 피란길에 오르는 사람이에요. 즉 비자발적으로 국경을 넘는 사람이죠. 하지만 유엔난민기구는 국경을 넘지 않더라도 집을 떠날 수밖에 없다면 난민과 같은 인도적 지원과 보호를 제공해요. 그러니까 조국을 떠난 사람 말고도 거주지를 벗어난 사람도 난민처럼 보호 대상이 돼요. 살기 위해 어쩔 수 없이 살던 곳을 떠나야 한다면 난민인 셈이지요.

난민이 들어오면 범죄가 늘어날 거라고 걱정하는 사람들이 있어요. 하지

만 이는 사실이 아니에요. 난민은 처음부터 난민이었을까요? 난민은 난민이 되기 전까지 우리와 똑같은 사람들이었어요. 교사, 요리사, 기술자, 언론인 등 다양한 직업을 가진 평범한 사람들이었어요. 원래부터 범죄자도 아니었고, 갑자기 범죄자가 될 이유도 없어요.

2023년에 공개된 〈한국의 범죄 현상과 형사 정책 보고서〉에 따르면 2021년 기준 인구 10만 명당 검거인원지수는 내국인 평균 2,359명, 외국인 평균 1,314명이었어요. 인구 10만 명당 검거된 범죄자 수를 수치로 낸 값인데, 내국인이 외국인보다 더 높은 걸 볼 수 있어요.

사정이 이런데도 사람들은 난민을 포함한 외국인의 범죄율이 높다고 생각해요. 언론에서 다른 사실을 부각하기 때문이에요. 물론 범죄 유형과 죄질도 따져 봐야겠지만 인구당 범죄자는 외국인이 내국인보다 훨씬 적은데, 범죄 보도는 오히려 외국인에 집중돼 있어요. 보도할 때도 '외국인 또 흉기 난투극' '난민 천국 ○○ 최악의 범죄 국가 됐다' 이런 식의 자극적인 제목을 달기 일쑤죠. 이런 헤드라인은 외국인과 난민에 대한 혐오 정서를 부추길 수 있죠.

우리 역시 난민의 역사를 간직하고 있어요. 1919년 4월 11일 상해 임시 정부가 수립됐어요. 임시 정부는 일종의 망명 정부였어요. 독립운동가들은 대부분 난민이었어요. 김구, 안중근 등이 난민 생활을 했어요. 초대 대통령인 이승만 전 대통령과 김대중 전 대통령도 모두 미국으로 망명한 난민이었어요. 유명한 몇몇 인물만 도움을 받은 게 아니에요. 1950년 한국에는 무려 600만 명이 넘는 피란민이 발생했어요. 당시 유엔은 유엔한국재건단을 설립해 구호 활동을 벌였어요. 유엔한국재건난은 유엔난민기구의 모태예요.

경제적 이주민

이주는 사람이 다른 지역이나 나라로 이동해 사는 거예요. 서울에서 광주로 살 곳을 옮기면 국내 이주라고 해요. 중국에서 한국으로 국경을 넘어 살 곳을 옮기는 걸 국제 이주라고 해요. 고용 허가제로 들어와 공장이나 농장에서 일하는 이주 노동자, 한국인과 혼인해서 정착한 결혼 이주민 등이 있어요. 이주민은 일하러 올 수도 있고, 공부나 결혼 때문에 올 수도 있어요. 드라마 등을 통해 다른 나라의 문화를 접하고 외국에서 살아 보고 싶어서 올 수도 있죠. 가장 큰 이유는 역시 돈을 벌러 오는 거예요. '더 나은 일자리'를 찾아서 오는 거죠.

오늘날 전 세계인 30명 중 한 명은 다른 나라에서 살고 있어요. 2020년 기준 전 세계 인구 78억 명 중 국제 이주자는 2억 8,100만 명이에요. 이는 전 세계 인구의 3.6퍼센트에 해당해요. 이 중 이주 노동자는 1억 6,900만 명이에요.

이주민 수는 지난 20년간 1억 명 넘게 증가했어요. 우리나라의 이주자도 급격히 늘어나고 있어요. 2023년 기준으로 우리나라에 살고 있는 외국인은 250만 명이에요. 이는 대한민국 인구 5,175만 명 중 4.8퍼센트를 차지해요. 적지 않은 숫자죠? 100명이 모이면 그중에서 네다섯 명은 이주자예요.

"우리는 노예·기계가 아니다." 2021년 12월 세계 이주민의 날을 맞아 이주 노동 관련 단체가 서울에 모여 집회를 열었어요. 그날 그들이 들고 나온 현수막에 적힌 글귀예요. 산업 현장에서 이주 노동자를 차별하고 인권을 짓밟는 일이 자주 벌어져요. 많은 이주 노동자가 열악한 노동 조건에서 일하고 있어요. 차별과 부당한 대우, 폭력과 성희롱이 난무해요.

다른 나라에서 온 사람들을 혐오하고 무시하는 이유는 그들 때문에 일자리가 줄어들고 강력 범죄가 늘어난다는 편견 때문이에요. 범죄는 앞에서 설명했죠? 일자리가 줄어든다는 게 왜 편견이냐면요. 이주 노동자와 내국인이 일자리를 두고 경쟁할 수 있지만, 대부분의 이주 노동자는 내국인이 꺼리는 3D 업종에서 주로 일하거든요. 3D란 힘들고(Difficult) 더럽고(Dirty) 위험한(Dangerous) 일을 뜻해요. 한국인들이 꺼리는 일들이죠. 이주민들이 한국인이 하기 싫어하는 일을 대신해 주는 셈이에요. 그런데도 그들을 무시하고 차별해요. 하찮은 일을 하니까 그래도 된다고 생각해요.

그러나 하찮은 일은 전혀 하찮지 않아요.

이들이 없으면 어떻게 될까요? 경제가 제대로 돌아가지 않을 거예요. 우리 주변에는 외국인 노동자들이 많아요. 공장, 식당, 농장, 어선, 공사장 등 다양한 곳에서 일해요. 그들이 없으면 공장이 돌아가지 못하고, 건물도 올리지 못할 거예요. 인구는 감소하고 일할 사람은 점점 부족해져요. 앞으로도 이주자는 계속 늘어날 거예요. 이주자를 존중하고 함께 살아가야 해요.

국경선이 담지 못한 사람들

중국은 여러 민족으로 이루어진 다민족 국가예요. 한족과 55개의 소수 민족으로 이루어져 있어요. 그중 한족이 다수예요. 한국에 많이 살고 있는 조선족도 중국의 소수 민족 중 하나죠. 중국의 전체 인구에서 소수 민족이 차지하는 비율은 9퍼센트 정도예요. 인구수로 보면 1억 2,500만 명이에요.

중국은 민족이 다양한 만큼 80개가 넘는 언어가 존재해요. 또 각 민족의 인구수는 적지만 소수 민족이 사는 지역은 중국 전체 영토의 약 64퍼센트나 돼요. 대부분이 중국 국경의 변두리 땅에서 살고 있죠. 민족이 다양해도 잘 어울려 살면 괜찮아요. 문제는 그렇지 못하다는 거예요. 과거 중국은 나머지 민족을 오랑캐라고 부르며 무시했어요. 그리고 오랑캐로 부르던 주변 민족을 강제로 합쳤어요. 한족 중심의 중화사상을 강요하며 통

일 정책을 시행했죠. 중국 정부는 민족 차별이 없다고 주장하지만, 소수 민족은 차별이 있다고 말해요.

그래서 중국의 일부 소수 민족은 분리 독립을 원하고 있어요. 대표적으로 신장 지역의 위구르족이 있어요. 위구르족은 이슬람교를 믿는 유목민이에요. 2020년 인구가 1,162만 명이에요. 한족과는 언어, 종교, 문화 등이 모두 다르죠. 생김새도 아시아인보다 아랍인과 비슷해요. 위구르 제국을 세우고 고유문화를 이어 오다가 청나라 때 강제로 합쳐졌어요. 위구르족은 42번이나 독립운동을 벌였어요.

중국 정부는 신장 지역에 한족의 이주를 늘리면서 이 지역이 중국에 경제적으로 의존하게 하는 정책을 펼쳐 왔어요. 그러나 언어, 종교, 문화 등이 다른 한족을 무리하게 신장 지역으로 이주시켜 두 민족을 하나로 만들려는 정책은 위구르인에게 불만을 사고 있어요. 중국 정부는 이러한 불만을 힘으로 누르고 있어요. 2019년, 위구르 자치구 주민 100만 명이 수용소에서 온갖 인권 탄압을 받고 있다는 중국 공안 자료가 언론에 유출됐어요. 지금까지도 해외로 망명한 많은 위구르인이 중국의 감시를 피해 해외에서 인권 운동을 펼치고 있어요.

베를린에서 펼쳐진 위구르인 인권 탄압 반대 시위 (출처: 위키미디어커먼스)

중국 정부가 소수 민족의 독립운동에 민감한 이유가 뭘까요? 중국의 경제 발전을 위해서는 소수 민족 지역의 영토와 자원이 필수적이기 때문이에요. 현재 위구르족, 티베트족, 몽골족 세 민족의 영토가 중국 영토의 반을 차지해요. 만약 세 민족이 독립하면 중국은 영토의 절반을 잃게 돼요. 특히 위구르족이 거주하는 신장 지역은 여덟 개의 국가와 국경을 맞대고 있기 때문에 전략적으로 중요한 위치에 있어요. 여러 국가와 교류하는 교통 통로이자 그들 나라에 영향력을 미칠 수 있는 발판이 되거든요. 그리고 천연가스, 석탄, 광물 등의 자원도 풍부하게 매장되어 있죠. 티베트에도 금강석, 마그네슘, 철 등 천연자원 70여 종이 매장돼 있어요.

또 '하나의 중국'을 강조하는 중국 정부는 소수 민족이 민족 정체성을 드러내고 주장하는 것을 중국을 분열시키는 위협으로 여겨요. 그래서 소수 민족을 탄압하고 한족과의 혼인이나 한족 이주를 통해 중국에 동화시키려고 하는 거예요.

국적이 없는 사람들, 무국적자

무국적자는 국적이 없는 사람이에요. 출생 신고도 사망 신고도 할 수 없는 사람들이에요. 여기 종족 전체가 무국적인 사람들이 있어요. 미얀마의 로힝야족이에요. 220만 명의 로힝야족 전체가 국적이 없어요. 미얀마는 135개나 되는 소수 민족으로 이루어진 다민족 국가예요. 주류는 버마족이에요. 전체 인구의 70퍼센트를 차지해요. 나머지는 30퍼센트에 해당하는 소수 민족이죠. 로힝야족도 그중 하나예요.

미얀마는 1886년 영국 식민지가 됐어요. 미얀마는 끊임없이 저항했어요. 청년들은 양곤 대학교를 중심으로 독립운동을 펼쳤어요. 불교 국가답게 승려들도 독립운동에 앞장섰어요. 식민 지배가 저항에 부딪히자 영국은 버마족을 탄압했어요. 자신들을 대신해 버마족과 싸울 대상으로 로힝야족을 택했어요. 로힝야족은 방글라데시 지역에서 유입된 이주민들의 후손들로 버마족과 어떤 유대감도 없죠. 영국은 그런 로힝야족을 식민지 중간 관리자로 삼았어요. 그 과정에서 로힝야족이 버마족 2만 명을 학살하기도 했죠. 버마족도 가만히 있지 않았죠. 300여 곳의 로힝야 마을을 습격하여 10만 명의 로힝야족을 죽였어요. 1942년에 일어난 일이에요.

문제는 영국이 미얀마에서 물러난 뒤에 벌어져요. 미얀마가 1948년 독립을 맞게 되면서 로힝야족에 대한 탄압이 시작됐어요. 1962년 군사 쿠데타로 정권을 잡은 군부는 불교를 국가의 기본 기념으로 삼았어요. 그러자 이슬람교를 믿는 로힝야족은 더욱 살기 힘들어졌죠. 1982년 미얀마 군정은 미얀마 시민권을 제정했어요. 소수 민족 대부분이 시민권자로 인정받았지만, 로힝야족의 시민권은 박탈했어요. 2016년 민주 정권이 들어선 뒤에도 상황은 바뀌지 않았어요. 바뀌기는커녕 여전히 차별 정책을 펼치고 있어요. 이에 유엔은 로힝야족을 세계에서 가장 박해받는 소수 민족으로 규정하기도 했어요.

tip

한국계 무국적자가 있다고?

1937년에 소련은 일본인 침투를 막는다는 명목으로 당시 연해주에 거주하던 조선인들을 중앙아시아로 강제 이주시켰어요. 이들을 고려인이라고 부르죠. 현재 고려인의 10퍼센트에 해당하는 5만여 명 정도가 무국적자라고 해요. 또 6·25 전쟁 이후로 수십만 명의 고아가 외국으로 입양됐어요. 대한민국은 '세계 1위 고아 수출국'이라는 꼬리표를 달았죠. 현재 이들 중 최소 4만 명 이상이 무국적자 신세라고 해요.

한국에서 태어났지만 국적을 얻지 못하는 사람도 있어요. 아직까지 한국에서 태어난 외국인 아기는 출생 신고 의무가 없어요. 본국 대사관에서 출생 등록을 할 수 있지만 부모가 불법 체류자이거나 증명 서류를 내기 어려운 상황에서는 이마저도 포기하는 경우가 많아요. 그래서 미등록 이주민이나 난민의 자녀들은 국적이 없어요.

1948년 제정된 세계 인권 선언은 "모든 사람에게는 국적을 요구할 권리가 있다"고 천명해요. 그러나 전 세계 무국적자는 현재 1,000만 명이 넘어요. 분명 존재하지만 없는 사람으로 취급받는 이들이 무국적자예요. 전 세계 81억 명 국적자들이 관심을 갖고 행동해야 해요.

> 부록

기후 난민

　뜻밖의 환경 변화로 집을 버리고 떠나야 하는 사람들이 있어요. 여러 나라에서 기후 변화로 피해를 겪고 있어요. 기후 변화는 홍수, 가뭄, 태풍 등 갖가지 자연재해를 일으켜요. 해수면이 상승하면 바닷물이 땅에 스며들어 농경지와 농작물을 망쳐요. 섬나라들은 육지가 가라앉고 있어요. 남태평양의 투발루, 인도양의 몰디브가 그런 경우예요. 투발루 외무 장관은 수몰 위기에 놓인 투발루의 현실을 알리기 위해 물속에 들어가 연설하는 영상을 올리기도 했어요. 집이 물에 잠기거나 굶어 죽을 위험을 피하려면 살던 곳을 떠날 수밖에 없어요.

　이들은 난민일까요, 아닐까요? 국제법상 난민은 아니에요. 제네바 난민 협약에서는 기후 문제를 박해로 보지 않았거든요. 당시에는 기후 위기가 이렇게 심각해질 거라고 생각하지 못했어요. 난민에 대한 국제적 합의가 1951년도에 이뤄졌기 때문에 지금의 상황을 반영하지 못한 거예요. 그래서 현재는 국제법상 다른 나라에서 난민 지위를 얻을 수 없답니다. 현재로서는 난민이 아니라 '기후 이주민'이라고 부를 수 있어요.

　남태평양에 있는 섬나라 키리바시의 국민은 해수면 상승으로 생존권이 위협받는다며 유엔에 난민 지위를 신청했어요. 유엔자유권규약위원회는 "기후 위기로 위험에 처해 피난을 온 사람들을 강제로 본국에 돌려보내면 인권이 침해될 수 있다"며 나라 전체가 물에 잠기는 극단적 상황에서는 그들을 난민으로 봐야 한다고 했어요. 실제로 유엔난민기구는 가뭄, 폭우, 지진 같은 천재지변으로 생긴 이재민과 환경 파괴 등으로 어려움을 겪는 이들에게 난민과 비슷한 수준의 지원을 하고 있어요.

아직은 국제법이 기후 이주민을 난민으로 인정하지 않지만, 조만간 정식 난민으로 인정될 가능성이 커요. 가까운 미래에 기후 이주민이 급격하게 늘어날지 모르거든요. 전쟁 난민은 전쟁이 끝나면 돌아갈 고향이 있어요. 반면에 기후 이주민은 돌아갈 집이 아예 사라졌기 때문에 더욱 심각한 문제예요. 기후 이주민 문제를 전 세계가 함께 풀어야 할 과제로 생각하고 관심을 기울여야 해요.

> 부록

위험한 난민, 안전한 난민

　2011년 시리아에서 내전이 발생했어요. 수백만 명의 난민이 시리아를 떠나 이웃 나라인 터키, 레바논 등으로 몰려들었어요. 그러나 이들 나라는 난민을 수용할 힘이 부족했어요. 그래서 난민을 막으려 국경을 걸어 잠갔어요. 결국 난민들은 지중해를 건너 유럽으로 향했어요. '유럽 난민 사태'가 벌어졌죠. 독일과 초기의 이탈리아처럼 난민을 환영하는 유럽 국가도 있었지만 대부분의 유럽 국가들은 난민을 막기 바빴어요. 유럽 각국은 국경에 장벽을 우후죽순으로 세웠어요. 2014년에 불가리아는 터키와의 국경선에 철조망 장벽을 쳤어요. 2015년에 헝가리가 세르비아와 크로아티아와 맞닿은 국경선에 장벽을 쳤어요. 같은 해에 오스트리아도 슬로베니아와의 국경에 장벽을 건설했어요. 모두 다 밀려드는 난민을 막기 위한 조치였어요.

　2022년 러시아-우크라이나 전쟁으로 대규모 난민이 또 발생했죠. 무려 800만 명의 난민이 유럽으로 갔어요. 이때 유럽은 시리아 난민과는 다르게 대응했어요. 그들을 기꺼이 받아들이고 환대해 주었죠. 이에 대해 불가리아 총리 페트코프는 이렇게 말했어요.

> "우크라이나인은 유럽인이며 교육받은 똑똑한 사람들입니다. 정체성이 확실하지 않고 심지어 테러리스트일 수도 있었던 과거 난민과 다릅니다."

시리아 같은 중동 지역에서 온 사람들은 남의 편으로 환대하지 않지만, 우크라이나처럼 동유럽에서 온 사람들은 우리 편으로 환대하는 거예요. 어떤 이들은 이러한 차이를 '백인 우월주의'라고 비판해요. 실제로 우크라이나에서 백인이 아닌 사람들이 피란 열차에 타지 못하는 사건이 벌어졌어요. 폴란드-우크라이나 국경에서는 우크라이나 군인들이 난민들을 백인과 유색인으로 구분하는 일도 있었어요. 이렇게 똑같은 난민조차 인종에 따라 다르게 대우하고 있어요. "모든 인간은 태어날 때부터 자유롭고 존엄하며 평등하다"고 선언한 세계 인권 선언과 난민 보호를 규정한 난민 협약에 어긋나죠. 국제 사회의 씁쓸한 현실이에요.

5장

국경선을 넘어서

유럽 연합, 유럽을 하나로

"우리는 반드시 하나 된 유럽 국가를 건설해야 합니다. 이를 통해 수억 명의 유럽인들은 가치 있는 삶을 사는 기쁨과 희망을 되찾을 수 있습니다." 1946년, 당시 영국 총리였던 윈스턴 처칠은 '유럽 합중국'을 만들자고 제안했어요. 미국이 50개 주를 모아 '미합중국'을 만든 것처럼 유럽도 하나의 연합체를 만들자는 것이었지요. 연합체를 이루면 국제 사회에서 더 큰 영향력을 발휘할 수 있을 테니까요.

EU를 상징하는 깃발

유럽의 많은 나라가 유럽 연합(European Union), 줄여서 EU라고 불리는 공동체에 가입해 있어요. '하나의 유럽'이라는 슬로건 아래 모인 EU에 가입한 나라는 독일, 프랑스, 이탈리아 등 27개국에 달해요. EU 가입국 대부분은 유로라는 같은 화폐를 사용하고(27개국 중 20개국 사용), EU 회원국 시민은 다른 회원국을 자유롭게 오갈 수 있어요. 회원국 시민을 모두 '유럽의 시민'으로 생각하기 때문이에요.

EU의 탄생은 제2차 세계 대전의 경험과 무관하지 않아요. 유럽에서 시작된 이 전쟁에서 죄 없는 사람들이 수천만 명이나 목숨을 잃었어요. 사망자 추정치는 학자마다 차이가 있는데요, 최소 7,000만 명에서 최대 8,000만 명으로 추정돼요. 이는 제1차 세계 대전 사망자 2,000만 명보다 훨씬 많아요. 제2차 세계 대전 때는 수백만 명이 대량 학살을 당하기도 했어요. 전쟁이 끝나고 유럽 국가들은 평화와 번영을 추구하려면 협력이 필요하다고 느꼈어요. 이러한 배경 속에서 1952년에 유럽 석탄 및 철강 공동체를 만들고 1958년에 유럽 경제 공동체와 유럽 원자력 공동체를 세웠어요. 1967년 세 공동체를 통합하고 마침내 1993년 EU를 만들었어요.

유럽이 하나로 묶일 수 있었던 건 지리적으로 가까웠기 때문이에요. 그러나 나라끼리 붙어 있다고 모두 친하게 지내는 건 아니에요. 하나로 묶을 수 있는 건 더더욱 아니고요. 우리나라와 북한만 봐도 알 수 있죠. 문화·역사적인 배경이 비슷했기에 EU가 가능할 수 있었어요.

유럽은 대부분 기독교를 믿어 왔어요. 교회의 우두머리인 교황은 각국 왕보다 더 권위 있는 존재였어요. 힘도 더 셌고요. 나중에 교회의 힘이 약해진 후에도 각국의 왕실이 짝을 맺어 친인척 관계를 이뤘어요. 예를 들어 프랑스 루이 16세의 왕비였던 마리 앙투아네트는 원래 오스트리아 여왕인 마리아 테레지아의 딸이었어요. 14세의 나이에 15세의 루이 16세와 정략결혼을 했어요. 정략결혼이란 당사자의 뜻과 상관없이 부모가 자기 이익이나 목적을 위해 시키는 결혼이에요.

이렇듯 기독교라는 종교가 사회 전반을 지배했다는 점에서 문화적으로, 왕실끼리 친인척으로 얽혔다는 점에서 역사적으로 유럽 각국은 매우 가까웠어요. 이러한 공통된 문화·역사적인 배경은 유럽 국가들이 하나의 연합체를 이루는 데 중요한 역할을 했어요.

유럽 공동체는 유럽을 하나의 경제권으로 만들기 위해서 관세*를 없애는 정책을 추진했어요. 관세를 없애면 어느 나라에서 물건을 사더라도 따로 세금을 내지 않아도 돼요. 소비자 입장에서 경제적으로 이득이고 불편도 덜하죠. 또, 나라마다 다른 환율을 안정시키기 위한 통화 정책도 시행했어요. 이러한 정책은 EU 회원국이 하나의 화폐를 사용하는 방향으로 발전했어요. 유로라는 같은 화폐를 쓰면서 유럽인의 생활은 여러모로 편리해졌어요. 유로를 쓰는 EU 회원국을 여행할 때 따로 외국 돈으로 바꿀 필요가 없어요. 돈을 바꿀 때 드는 환전 수수료도 절약할 수 있죠. 덕분에 EU

관세: 국경을 통과해 들어오는 상품에 매기는 세금.

회원국 사이에 이동이 더 자유로워졌어요. 각 나라의 교류도 더욱 활발해졌죠. 이러한 정책들이 성공하면서 경제적 통합은 물론이고 정치적 통합도 가능해졌어요.

EU의 통합 화폐 유로

> **tip**
>
> ### 유럽에는 국경 검문소가 없다고?
>
> 지도로 유럽 지역을 살펴보면 국경을 넘나드는 도로가 실핏줄처럼 얽혀 있어요. EU가 탄생하면서 솅겐 조약에 따라 국경 검문소가 사라진 덕분이에요. 국경을

통과하는 도로마다 검문소를 설치하고, 국경을 따라 철조망이나 감시탑을 세운다면 막대한 비용이 들겠죠. 국경을 이동하는 사람도 불편하고요. 솅겐 조약은 이런 불편함을 덜어 줬어요. 솅겐 조약 가입국 간에 이동할 땐 출입국 심사를 하지 않아요. 즉, 다른 나라를 여행할 때 여권이 필요 없어요. 세관 신고도 없어서 공항에서 다른 나라로 이동할 때도 국내선처럼 간편하게 탈 수 있어요.

솅겐 조약을 맺은 독일과 오스트리아의 국경 일부.
국경 검문소 대신 EU 표지판으로 국경을 표시한다. (출처: 위키미디어커먼스)

솅겐이라는 이름은 독일, 프랑스와 인접한 룩셈부르크 남부의 솅겐이라는 지역에서 따왔어요. 1985년 솅겐에서 독일, 프랑스, 네덜란드, 벨기에, 룩셈부르크 5개국이 처음 상호 국경 개방 조약을 맺었는데, 이것이 솅겐 조약의 뿌리예요.

> 셍겐 조약은 유럽을 하나의 시장으로 만들어 경쟁력을 높이기 위해 출발했어요. 개별 국가의 정체성은 유지하되, 수십 개로 쪼개진 시장을 하나로 합쳐서 미국·중국 등과의 경쟁에서 밀리지 않겠다는 거예요. 그러려면 사람과 물자의 이동이 자유로워야 했기에 셍겐 조약이 탄생했어요.

난민 협약

"모든 사람은 박해를 피해 다른 나라에 망명을 요청하고 망명 생활을 할 수 있도록 요구할 권리가 있다." 세계 인권 선언문 제14조의 내용이에요. 제2차 세계 대전 때 독일 나치는 유대인을 대량 학살했어요. 그때 어떤 국가도 유대인들을 받아들이고 보호하지 않았어요. 그 결과 600만 명의 유대인이 끔찍한 죽임을 당했어요.

전쟁이 끝난 후, 유럽 국가들은 이런 비극이 다시는 일어나지 않도록 하기 위해 1951년에 스위스 제네바에서 '난민의 지위에 관한 조약'을 체결했어요. 그리고 1967년 '난민의 지위에 관한 의정서'를 채택했어요.

이 문서에 따르면, 난민은 '인종, 종교, 국적, 특정 사회 집단의 구성원 또는 정치적 의견 등을 이유로 박해받을 우려가 있는 사람'을 가리켜요. 참고로 전쟁 난민은 처음에 난민 협약에서 난민으로 인정하지 않았어요. 나중에 다른 국제 문서에 이와 관련된 내용을 규정하며 전쟁으로 생겨난 난민도 보호하기로 했어요.

난민 협약에 가입한 나라는 총 145개국이에요. 이 나라들은 난민을 보호하기로 약속한 거예요. 난민 협약에 가입한다는 것은, 국제 사회의 일원으로서 난민에 대한 보호 책임을 나눠서 진다는 의미예요.

1993년 난민 협약에 가입한 우리나라 역시 난민 보호 의무가 있어요. 2012년에는 난민법을 제정하기도 했죠. 하지만 국내 난민 인식은 좋지 않아요. 2018년, 제주도로 입국한 예멘 난민 500여 명이 난민 신청을 한 적이 있어요. 그때 한 여론 조사 기관에서 우리나라에 온 난민을 정부가 보호해야 하는지 묻는 여론 조사를 했어요. 의견이 팽팽히 갈렸죠. 그런데 이 조사는 할 필요가 없는 조사였어요. 우리나라가 1993년에 난민 협약에 가입했다고 했죠? 이는 국제 사회에 난민을 보호하겠다고 약속한 거예요. 난민 협약을 깨고 탈퇴하지 않는 이상 우리나라는 난민 보호 의무를 저버릴 수 없어요.

그런데 여론 조사에서 난민을 보호할지 말지 묻는 게 맞을까요? 난민 협약에는 강제 송환 금지의 원칙이 있어요. 난민을 박해받을 위험이 있는 본국으로 돌려보내면 안 된다는 국제법상의 원칙이에요. 우리나라의 난민 인정률은 2퍼센트에 불과해요. 100명이 난민을 신청하면 고작 두 명만이 난민 지위를 인정받는 거예요. OECD(경제협력개발기구) 회원국 평균 난민 인정률이 24.8퍼센트예요. 캐나다 같은 나라는 50퍼센트를 넘기죠. 우리나라가 난민 인정에 지나치게 인색하다는 사실을 알 수 있어요.

난민 신청을 하면 난민으로 인정할지 말지를 결정해요. 난민으로 인정받으면 뭐가 달라질까요? 우선 자유롭게 취업할 수 있어요. 또 그 나라 국민과 같이 사회 보장 혜택을 받을 수 있지요. 배우자와 미성년 자녀를 본국에서 불러와 함께 살 수도 있어요.

공식적인 난민으로 인정하지 않지만 '인도적 체류 지위'를 부여하기도 해요. 출신국으로 돌아갔을 때 박해받을 위험이 있는 사람을 보호하기 위한 장치예요. 이 지위를 인정받으면 임시로 머물 수 있고 일할 권리가 있어요. 하지만 가족을 부를 수 없고 사회 보장 제도와 기초 생활 보장 제도 등의 혜택을 누릴 수도 없어요.

생존 위기에 몰린 난민과 실향민은 기본적인 것들이 필요해요. 당장 머무를 곳, 먹을 음식, 입을 옷 같은 거죠. 유엔난민기구는 이들을 돕기 위해 세워진 국제기구예요. 이 기구는 제2차 세계 대전 이후에 세워졌어요. 전쟁으로 고향을 떠나야 했던 유럽 사람들을 돕기 위해서였죠. 하지만 전쟁이 끝난 지 70년이 지난 지금도 고향을 등지는 난민과 실향민이 늘어나고 있어요. 전쟁이 끊이지 않는 탓이에요.

난민 보호 대책을 마련하지 못한 국가는 유엔난민기구의 도움을 받을 수 있어요. 유엔난민기구는 전쟁 지역과 이웃한 나라에 난민 수용소를 지어서 피란민들을 긴급히 대피시켜요. 다른 구호 단체들과 힘을 합쳐 피란민들에게 숙소, 식량, 의료 서비스 등을 제공해요. 그것 말고도 실제로 난민이 맞는지 심사하고 난민으로 판단하면 신분증명서를 발급해 줘요. 각국 정부에 필요한 돈을 요청하고 기부받는 일도 해요.

하지만 난민 수용소는 비상시에 임시로 운영하는 시설이라서 난민들이 계속 살기 힘들어요. 난민들은 일정 기간이 지나면 난민 수용소를 떠나 난민 수용국으로 가서 정착하게 돼요. 난민 수용국에서 지속적인 보호를 받는 거죠.

난민 수용국은 난민을 관리할 행정 기관을 마련하고 난민 보호를 담당할 판사를 지정해요. 난민들을 본국으로 돌려보내지 않고 보호하며, 정상적인 생활이 가능하도록 돕는 거예요. 이를 위해 난민 수용국에서는 난민에게 체류 허가증, 출생증명서, 결혼 증명서 등의 서류를 발급해요. 그런 서류가 있어야 본국에서 가족을 데려올 수 있거든요. 난민도 가족과 함께 살 권리가 있으니까요.

국경을 넘어선 활동: 선을 지우는 사람들

국경을 초월해서 일하는 단체들이 있어요. 먼저 국제기구가 있죠. 정부·민간단체·개인을 회원으로 하여, 초국가적 활동을 하는 기구예요. 예를 들어 유엔, OECD, 국제통화기금(IMF) 등이 있어요. 비정부기구(NGO)도 있어요. 정부와 관계없이 자발적으로 조직된 민간단체로 사익이 아니라 공익을 추구해요. 환경, 의료, 빈곤, 노동, 인권, 평화 등의 분야에서 활동해요. 국경 없는 의사회, 국제앰네스티(국제사면위원회), 그린피스 등이 있어요.

누구에게나 차별 없는 치료를, 국경 없는 의사회

1986년, 나이지리아에 전쟁이 일어나서 많은 사람이 다쳤어요. 하지만 의사가 턱없이 부족했어요. 그때 프랑스인 베르나르 쿠시네는 몇몇 의사와 함께 나이지리아로 가서 사람들을 치료해 줬어요. 이 사람들이 1971년 '국경 없는 의사회'를 만들었어요. 국경 없는 의사회는 국제 인도주의 의료 구호 단체로, 의료 혜택을 받지 못하거나 전염병, 자연재해, 분쟁 등이 발생한 지역에 의료 서비스를 제공해요. 무력 분쟁으로 의료 시설이 파괴된 곳에 의료 지원을 나가는 등 전쟁과 자연재해의 최전선에서 활동해요. 예를 들어, 지금도 포탄이 쏟아지는 팔레스타인 가자 지구에서 생명을 구하기 위해 애쓰고 있어요. 2010년에 아이티 대지진으로 많은 사상자가 발생했을 때 즉각 달려가 사람들을 치료했고, 2014년에 아프리카에서 에볼라 환자가 발생했을 때도 가장 먼저 달려갔어요.

단체 이름이 그들의 철학을 고스란히 보여 줘요. 도움이 필요한 사람은 국적과 상관없이 치료해 주죠. 자신의 나라 또는 국제 사회가 반대해도 누구든 차별 없이 구호 활동을 펼친답니다. 국경 없는 의사회는 국적이나 인종, 종교, 성별, 정치적 성향과 관계없이 치료가 필요한 사람이면 누구나 치료해 줘요. 단체 이름이 널리 알려지고 그 권위를 인정받으면서 이후에 '국경 없는'이라는 이름을 내건 단체들이 우수수 쏟아졌어요. 1971년 12월 창립되어 25년 만인 1999년에 노벨 평화상을 받았어요.

현재 세계 70여 개국에서 3만 명의 구호 활동가가 활동하고 있어요. 이름은 국경 없는 의사회이지만 의사만 활동하는 건 아니에요. 의료 행위에서 의사 이상으로 중요한 역할을 하는 사람들은 간호사예요. 재난 상황 속에서는 수질과 위생 전문가, 영양학 전문가들도 필요해요. 공중위생에서 중요한 병리학자도 없어선 안 되겠죠. 그 외에도 배관공, 기계공, 전기공 등 수많은 인력이 힘을 합쳐 생명을 구하고 있어요.

인권을 지키는 등불, 국제앰네스티

국제앰네스티는 인권 보호를 위해 전 세계적으로 활동하는 비정부 기구예요. 앰네스티의 로고는 철조망에 둘러싸인 촛불 모양이에요. 억압 속에서도 꺼지지 않는 인류 연대의 희망을 나타내요. 중대한 인권 침해를 감시하고 예방하며, 부당한 권력에 맞서 권리를 침해받는 사람들의 편에 서서 행동해요. 고문과 사형제 폐지를 외치고, 이념, 종교, 정치적 의견 등이 달라서 투옥된 정치범의 석방과 공정한 재판을 요구해요.

국제앰네스티는 영국인 피터 베넨슨, 에릭 베이커, 루이스 쿠트너 등이 설립했어요. 지금까지 60년 넘게 활동해 오고 있어요. 국제앰네스티는 정부 지원금을 전혀 받지 않아요. 오로지 개인 후원으로 운영돼요. 어떤 압력이나 간섭에도 굴하지 않고 부당함에 당당히 맞설 수 있는 이유예요. 이 기구는 전 세계에서 인권을 위해 활동하며, 현재 전 세계 1,000만 명의 회원이 인권의 촛불을 지키기 위해 함께하고 있어요. 국내에서는 2만 3,000여 회원들이 함께하고 있어요.

국제 환경 보호 단체, 그린피스

1971년 알래스카 암치카섬에서 핵실험을 한다는 소식을 듣고 이를 반대하는 사람들이 배를 타고 암치카섬으로 출발했어요. 이것이 그린피스의 시작이에요. 사람과 자연이 조화롭게 살 수 있는 깨끗하고 아름다운 지구를 만들기 위해 노력하는 국제 환경 운동 단체예요. 1971년 캐나다 밴쿠버 항구에서 캐나다와 미국의 반전 운동가, 사회 사업가, 언론인, 대학생 등 열두 명이 모여 그린피스를 만들었어요. 이후 세계 최대 규모의 환경 단체가 됐어요.

그린피스는 정부와 기업의 후원을 받지 않고 개인 후원자들의 후원으로만 활동해요. 초기에는 핵 실험 반대 활동이 중심이었지만, 현재는 핵 실험뿐만 아니라 서식지 보존, 해양 생물 보호, 해양 오염물 투기 감시 등 다양한 환경 문제를 다뤄요. 현재 전 세계 55개국에서 활동하고 있어요. 유엔 환경계획, 유럽 연맹 등 여러 국제기구와 협력하고 있어요.

앞에서 설명한 기후 위기 기억하죠? 기후 위기는 개별 국가의 노력으로 해결할 수 없어요. 기후 위기를 일으키는 온실가스는 어느 곳에서 발생하든 지구 전역으로 퍼지기 때문이에요. 기후 위기를 극복하려면 모두가 함께 노력할 수밖에 없어요. 앞으로 지구 환경을 지키기 위한 국제적 협력이 더욱 중요해질 거예요. 그린피스 같은 조력자의 역할도 더욱 커지겠죠.

열림과 닫힘

국경은 문과 비슷한 역할을 해요. 문은 벽으로서 공간을 분리하는 기능을 하지만, 통로로서 공간을 연결하는 기능도 해요. 마찬가지로 국경은 국가 단위로 인간 집단을 분리하는 한편 그들을 만나게 하는 역할도 해요.

북한처럼 폐쇄적인 사회조차 중국이나 러시아와는 교류하죠. 완벽히 닫힌 사회는 없어요.

국경의 기능은 이중적이에요. 차단과 폐쇄의 기능도 있지만, 접촉과 개방의 기능도 있거든요. 어떤 기능이 더 강화되느냐에 따라 국제 사회의 성격도 달라져요. 차단과 폐쇄의 기능이 강화되면 교류가 줄어들고 무역도 시들해져요. 접촉과 개방의 기능이 강화되면 교류가 늘어나고 무역도 활발해져요.

국경의 역할은 시대와 상황에 따라 변해 왔어요. 제1차 세계 대전 이후에는 세계 각국이 경제 침체를 막고 자국 산업을 보호하려고 보호 무역 정책을 채택했어요. 이에 따라 국경은 무역의 장애물로 여겨졌어요. 대공황과 제2차 세계 대전을 겪으면서 국제 경제 질서와 함께 국경의 역할도 바뀌었어요. 유엔이 만들어지면서 국가 간 협력과 교섭이 확대됐어요. 1990년대 냉전 체제가 무너지고 세계화가 시작되면서 국제 사회에는 새로운 무역 질서가 자리 잡기 시작했어요. 자유로운 무역을 추구하고 외국인 투자를 받아들이기 시작했어요. 많은 나라가 국경을 활짝 열어 외국 자본과 관광객을 받아들이고 교역을 활성화했어요.

21세기를 앞두고 세계인들은 꿈에 부풀었어요. 1989년, 냉전의 상징 같

탈냉전: 소련이 해체되면서 자본주의와 공산주의 사회의 대립이 사라진 상태.

던 베를린 장벽이 무너졌어요. 탈냉전* 이후에 불어닥친 세계화는 '국경 없는 세계'를 꿈꾸게 했어요. EU의 국경 개방 정책도 그런 기대를 하게 했어요. 냉전이 눈 녹듯 사라지고 인터넷이 새로운 가능성을 열어 주자 세계화, 정보화, 민주화가 강물처럼 흐를 것 같았죠. 국경이나 이념, 인종에 상관없이 사람과 물자와 정보가 자유롭게 오가는 세계, 모든 사람이 자유롭고 평등하게 살아가는 세상이 눈앞에 와 있는 것 같았어요.

그러나 상황은 전혀 다른 방향으로 전개되고 있어요. 세계 곳곳에 새로운 장벽이 경쟁적으로 생겨나고 있어요. 21세기에 수천 킬로미터의 장벽이 세워졌어요. 적어도 65개 나라, 즉 전 세계 국가의 1/3 이상이 국경선을 따라 장애물을 설치했어요. 미국과 멕시코, 이스라엘과 팔레스타인, 사우디와 예멘 등을 가르는 장벽은 오가는 사람들을 막아섰어요.

미국-멕시코 국경 장벽(출처: 위키미디어커먼스)

국경에 새로운 장벽이 생겨나고 기존의 장벽들은 더욱 높아지고 있어요. 열린 세계를 추구하다 닫힌 세계로 뒷걸음질하고 있어요. 도널드 트럼프 전 미국 대통령처럼 장벽을 세우면 만사형통이라는 식의 정치 지도자들이 많아지고 있어요. 잘못된 지도자들은 현실 세계든 가상 세계든 가리지 않고 장벽을 세워요. 인터넷상에서 정보의 자유로운 흐름을 막는 장벽이 세워지고 있어요. 예를 들어 중국에서는 구글과 유튜브에 접속할 수 없어요.

정답인 줄 알았던 자유 무역주의도 곳곳에서 장벽에 가로막히고 있어요. 무역 장벽은 '보이지 않는 장벽'이에요. 미·중 갈등으로 국제 질서가 요동치고 있어요. 미·중 갈등은 무역 갈등에서 시작했어요. 서로의 수출품에 관세를 매기고 무역을 통제하며 자유 무역주의를 망가뜨리고 있어요. 이러한 갈등은 서로를 인정하지 않는 태도에서 비롯해요.

장벽은 서로의 차이를 받아들이지 못할 때 만들어져요. 독일 나치가 유대인을 게토 장벽에 가둔 것도 그 때문이죠. 그런데 나중에 독일 역시 베를린 장벽에 갇혔어요. 누군가를 가둬서 괴롭히다 결국 자기도 갇힌 거예요. 베를린 장벽이 무너진 것처럼 장벽은 영원하지 않아요. 장벽 안 사람들이 뜻을 모으고 힘을 합치면 어떠한 장벽도 무너뜨릴 수 있어요. 세계를 장벽 이쪽과 저쪽으로 나눠서 멀어지게 만드는 시도를 세계 시민들이 막아야 해요.

부록

수치의 장벽

닫힌 사회는 외부로만 닫히지 않아요. 내부로도 닫히죠. 페루 수도 리마(Lima)시에는 부촌과 빈촌을 가르는 긴 장벽이 있어요. 산등성이를 따라 길게 늘어진 장벽은 길이가 무려 10킬로미터에 달해요. 높이 3미터에 철조망까지 붙어 있는 콘크리트 장벽은 부촌과 빈촌을 완전히 분리하고 있어요. 부촌 주민들은 안전을 이유로 1980년대부터 장벽을 세우기 시작했어요. 장벽 한쪽 가까이에는 허름한 판잣집들이 붙어 있고, 반대편 멀리 저택들이 위치해요.

빈촌의 판잣집 주민들은 장벽 때문에 수치심을 느낀다고 해서 '수치의 장벽(Wall of Shame)'이라 부르기도 한대요. 부자만을 위한 세상은 빈자에게 수치심과 모멸감을 줘요. 수치와 모멸을 통해 가난이 제 탓인 것처럼 느끼게 해요. 이것은 인간에 대한 모욕이자 범죄가 아닐까요? 자기의 소유물을 지킨다는 명목으로 무고한 사람들을 전부 범죄자로 취급하는 거예요.

이러한 장벽은 물리적으로 주민들을 가를 뿐만 아니라 사회를 찢어 놓죠. 부유한 사람과 가난한 사람이 어울려 사는 게 아니라 떨어져 따로따로 살게 되면서 계층 간의 격차는 점점 벌어져요. 마치 한 나라 안에 서로 다른 두 세상이 있는 듯해요. 결국 페루 헌법 재판소는 수치의 장벽 철거를 명령했어요. 주민들의 통행권과 존엄성을 해친다는 이유였죠. 하지만 장벽만 사라진다고 모든 차별이 해결되는 건 아니에요.

최근에 흔히 쓰이는 계층과 관련된 혐오 표현들은 주거 형태를 비꼬고 멸시한다는 특징이 있어요. 혹시 임거라고 들어 봤어요? 임거(임대 주택 거지), 주거(주공아파트 거지), 반거(반지하 거지), 월거(월세 사는 거지) 같은 혐오 표현이 어린 학생들 사이에서 버젓이 쓰이고 있어요. 이처럼 장벽은 말로도 만들 수 있어요. 서로를 분리하는 말이 아닌 상대를 존중하는 말로 장벽을 무너뜨려야 해요.

페루 수치의 장벽, 담벼락에 '벽 없이 살자'라고 적혀 있다. (출처: 연합뉴스)

> 부록

국경을 막으면 벌어지는 일

　코로나바이러스 감염증이 한창 유행했을 때 많은 나라가 국경을 걸어 잠갔어요. 외국인을 아예 들어오지 못하게 한 건 아닌데, 여러 제약을 둔 탓에 쉽게 들어올 수 없었어요. 코로나바이러스가 전 세계로 퍼지자, EU 회원국 간 국경 이동이 자유로웠던 유럽마저 국경 통제를 했어요. 유럽뿐만이 아니에요. 세계 각국은 앞다퉈 중국과의 국경을 폐쇄하고 중국을 오가는 항공 운항을 중단했어요. 다른 나라로의 항공편도 대폭 줄였어요. 북한 같은 나라는 아예 국경 문을 닫아 버렸어요. 국경을 막아서 어떻게 됐을까요?

　북한에 있던 각국 대사관이 철수했어요. 대사관 직원들이 국경을 자유롭게 오가면서 일을 해야 하는데, 국경을 막는다고 하니까 아예 대사관을 철수해 버린 거죠. 무역도 중단되면서 경제가 나빠졌어요. 식량과 생필품 반입이 중단되면서 기근 문제가 발생했어요. 외부에서 도움을 주려는 손길조차 닿지 못했어요.

　국경 폐쇄보다 더 큰 문제가 있었죠. 바로 정보 통제예요. 어떤 사람들은 중국 연구소에서 코로나바이러스가 흘러나왔다고 이야기해요. 하지만 구체적인 증거가 없기 때문에 이런 주장은 음모론으로 봐야 해요. 진짜 문제는 중국의 정보 통제였어요. 초기에 코로나바이러스가 퍼질 때 중국 당국은 상황을 정확하게 알리지 않고 정보도 투명하게 공개하지 않았어요. 그래서 많은 나라가 코로나바이러스의 심각성을 잘못 판단했죠. 이후 대응도 늦어졌고요. 그 결과 700만 명이 죽었어요.

2021년 세계보건기구(WHO)는 코로나바이러스 대유행이 어디에서 시작했는지 찾는 조사를 시작했어요. 그런데 1단계 조사가 이뤄진 지 2년 만인 2023년 초에 조사가 중단됐어요. 조사가 중단된 원인 중 하나로 중국 정부의 비협조적인 태도를 꼽았어요.

국경선을 걸어 잠그는 물리적인 장벽도 문제지만, 이처럼 정보를 통제하는 장벽도 문제에요. 코로나바이러스 같은 전 세계적인 전염병은 한 나라의 힘만으로 막을 수 없어요. 전 세계가 힘을 합쳐 서로 도와도 대응하기 쉽지 않죠. 팬데믹* 상황에서는 정보의 투명한 공개와 자유로운 접근이 무엇보다 중요해요. 국경이 사람을 가로막고 정보를 차단하는 장벽이 되지 않도록 해야 해요.

*팬데믹: 감염병이 전 세계적으로 크게 유행하는 현상.